LA TERRE, QUESTION VITALE

au XXIe siècle

Collection « Discours identitaires dans la mondialisation »

Dirigée par Michel Naumann

La collection « discours identitaires dans la mondialisation » entend rendre compte des nouvelles conditions dans lesquelles se vivent les identités sociales et communautaires, notamment les contacts auxquels sont exposées ces identités mais aussi la faiblesse d'une mondialisation qui, à cause de son caractère marchand et des inégalités qu'elle génère, ne peut créer une identité universelle qui emporte l'adhésion. Les nouvelles façons de se définir révèlent alors parfois des caractères inquiétants alors que d'autres au contraire s'ouvrent à une perspective altermondialiste.

Déjà parus

Monique HERITIER et François ROPERT, *Textes mystiques, discours identitaires,* 2012.
Geetha GANAPATHY-DORE et Michel OLINGA, *Images changeantes de l'Inde et de l'Afrique*, 2011.
Rachida YACINE, *Langues nationales, langues de développement. Identité et aliénation,*, 2011.
Tri TRAN, *Les Migrations assistées et forcées des Britanniques au XIXe siècle. L'identité ouvrière à l'épreuve de l'émigration*, 2010.
Fabien CHARTIER et Kolawolé ELECHO (dir.), *Le feu, symbole identitaire*, 2009.
Cécile GIRARDIN et Arkiya TOUADI, *Regards croisés dans la mondialisation. Les représentations de l'altérité après la colonisation*, 2009.

Sous la direction de

B. Belmekki, M. Benoit, M. Naumann, J. Weeks

LA TERRE, QUESTION VITALE

au XXIe siècle

L'Harmattan

Ouvrage publié avec le concours du Centre de recherches « Civilisations et identités culturelles comparées » CICC-EA2529 de l'Université de Cergy Pontoise.

5-7, rue de l'Ecole-Polytechnique, 75005 Paris

http://www.librairieharmattan.com
diffusion.harmattan@wanadoo.fr
harmattan1@wanadoo.fr

ISBN : 978-2-336-00120-3
EAN : 9782336001203

Sommaire

Notes sur les auteurs

Fewzia Bedjaoui est Professeur d'Université de Littérature et Civilisation Britanniques à Sidi Bel Abbés, Algérie. Elle publie régulièrement en Inde sur l'écriture féminine indienne et participe à des conférences internationales en Europe sur des questions relatives au post colonialisme.

Belkacem Belmekki est docteur en civilisation britannique et du Commonwealth. Il enseigne à l'Université d'Oran, Algérie. Ses travaux de recherches, qui ont fait l'objet de plusieurs communications et publications dans des revues internationales, se concentrent sur la communauté musulmane en Inde britannique. En 2010, il a publié un ouvrage *Sir Sayyid Ahmad Khan and the Muslim Cause in British India* en Allemagne chez Klaus Schwarz Verlag, Berlin. Actuellement, il est directeur du laboratoire de recherche : Langues, Littérature et Civilisation/Histoire en Afrique.

Brahim Benmoussa. Maître de conférences à l'Université d'Alger, enseigne la socio-anthropologie des sociétés rurales maghrébines au sein de la filière de sociologie rurale dont il est responsable. Il a conduit plusieurs enquêtes dans les zones steppiques autour de la question du foncier agricole.

Madhu Benoit est maître de conférences à l'Université Stendhal, Grenoble 3 (France) où elle enseigne la littérature et la traduction. Son champ de recherche inclut la civilisation et la littérature post coloniale. Elle vient de publier *Sir William Jones et la représentation de l'Inde.* Grenoble: ELLUG, coll. Esthétique et représentation : monde anglophone

Pr Ganesh Devy, originellement de l'Université de Baroda (Inde), est surtout connu pour ses activités avec les « tribals » ou Adivasis, les peuples premiers de l'Inde. Fondateur de l'Académie tribale de Tejgadh, directeur du projet traditions orales et littératures en langues tribales, co-fondateur du DNT-RAG (Denotified and Nomadic Tribes Rights Action Group), il combat pour les droits des peuples premiers et réfléchit sur leurs langues et cultures. Son œuvre d'imagination, *Vanaprasth*, écrite en Marathe, a reçu 6 prix majeurs. Parmi ses œuvres en anglais il faut citer : *Critical Thought (1987) After Amnesia*

(1992)Of Many Heroes (1997), India Between Tradition and Modernity (1997)

Renuga Devi Voisset est actuellement maître de conférences à la faculté de droit et d'économie de l'Université des Antilles. Son champ de recherche inclut outre l'étude comparée de systèmes juridiques, la gestion multiculturelle et interculturelle des départements français insulaires, Le Commonwealth britannique ainsi que les diasporas indiennes et les transformations sociales des territoires français d'outre-mer. Elle a publié avec son mari un récit de voyage intitulé *Malaisie, le pays d'Entre-Mondes* en 2010.

Sarah Fila-Bakabadio maître de conférences à l'université de Cergy Pontoise (France). Elle a soutenu une thèse intitulée *Une histoire intellectuelle de l'Afrocentrisme aux Etats-Unis* à l'Ecole des Hautes Etudes en Sciences Sociales (Paris). Ses recherches explorent les liens des Afro-descendants à l'Afrique, les nationalismes noirs et les diasporas africaines. Sa plus récente publication 'Building up French blackness through an Afrocentric Lens?', est parue en 2011.

Ruby Gazay prépare une thèse de doctorat à l'Université de Cergy Pontoise. Ses travaux portent sur la grande période de l'écriture de la constitution indienne. Elle a également travaillé sur le Parlement britannique et les origines de la démocratie en Grande Bretagne ainsi que sur la *Common Law*.

Deborah Jenner est Docteur en histoire de l'art. Elle a soutenu sa thèse sur « Le spirituel dans l'art de Georgia O'Keefe » à Paris IV. Enseignante en Histoire de l'Art et en Civilisation à l'Université de Paris 1 et à l'Ecole du Louvre, elle a publié dans des revues et ouvrages collectifs scientifiques ainsi que dans divers catalogues d'exposition à Paris et Delhi. Elle a contribué un ' Essai sur les sagesses orientales, *Asian Wisdom* pour le catalogue de l'exposition *Traces du sacré* au Centre Pompidou en 2008. ainsi que trois entrées pour l'ouvrage *Dictionnaire des femmes mystiques*, dans la collection Bouquins chez Robert Laffont

Badra Lahouel a obtenu un Ph.D de l'Université d'Aberdeen (Grande Bretagne). Elle a publié quelques ouvrages, manuels et articles. Actuellement, elle enseigne la civilisation à l'Université d'Oran (Algérie).

Michel Naumann est un spécialiste des littératures africaines et indiennes. Ses publications couvrent l'histoire du Commonwealth, les études culturelles et la critique littéraire en Afrique. Il est professeur responsable des Etudes sur le Commonwealth à l'Université de Cergy Pontoise et président du SARI.

Colette Poggi, indianiste, sanskritiste, docteur en Études Germaniques (Aix-en-Provence) et en Philosophie comparée (Paris IV-Sorbonne), enseigne le sanskrit ainsi que la pensée religieuse et philosophique de l'Inde dans divers centres universitaires (faculté de théologie de Lyon, Marseille, Montpellier). Elle a publié *Le sanskrit, souffle et lumière, langue sacrée, langue de connaissance*, éd. Almora, Paris, janvier 2012.

François Ropert est maître de conférences à l'Université de Cergy-Pontoise. Il est membre du Centre de recherches en Civilisations et Identités Culturelles Comparées (CICC, EA252). Ses travaux portent sur la poésie anglaise (17ème siècle et période moderniste).

Dhana Underwood est maître de conférences à l'Université de Liverpool. Ses recherches portent sur les représentations de la femme indienne dans les romans français, les romans d'aventure, les récits de voyage et livrets d'opéra du 18ème siècle. Elle a publié de nombreux articles et chapitres d'ouvrage en français et en anglais

Ludmila Volná (Charles University Prague) est rattachée à deux groupes de recherche IMAGER à l'Université de Paris Est Créteil et ERIAC à l'Université de Rouen. Elle intervient dans des conférences internationales. Son champ de recherche inclut le roman indien en anglais, la culture indienne, la littérature tchèque et plus récemment les études sur le traumatisme.

Joëlle Weeks est actuellement maître de conférences à l'Université de Paris 1 Panthéon-Sorbonne. Elle est spécialiste de l'Inde coloniale. Elle a récemment publié *Représentations européennes de l'Inde du 17ème au 19ème siècle* (Paris L'Harmattan 2010), 'Queen Victoria's Little India', dans *Images Changeantes de l'Inde* ed G. Ganapathy- M.Olinga (Paris L'Harmattan 2011). Elle a co-édité le présent ouvrage avec Madhu Benoit.

INTRODUCTION

LA TERRE : QUESTION VITALE DU XXIe SIECLE

Madhu BENOIT (Université Grenoble 3)

« Nous n'héritons pas la terre de nos parents, nous l'empruntons à nos enfants »
Dicton des Indiens d'Amérique du nord

« Ciel as-tu des secrets ? L'homme me dévoile ; je n'en ai aucun ».[1]Dans ce vers célèbre où Shelley fait parler la terre, le poète souligne le lien intime qui existe entre les hommes et celle-ci. Et pour soulever le voile qui recouvre ce mystère, nous avons tâché, dans les pages qui suivent, d'exposer ce lien, aussi délicat qu'indestructible. Nul ne songerait à nier que la terre est une question vitale dans notre siècle. Mais la terre est bien plus qu'une question stratégique, c'est une entité à part entière, une entité précieuse, qui a toujours suscité le respect des hommes et des femmes qui en ont la jouissance. Cependant, est-ce bien le cas aujourd'hui ? Nous tentons dans ce livre d'apporter quelque lumière sur ces questions qui sont plus prégnantes que jamais, en réunissant plusieurs textes qui abordent le sujet dans son rapport à l'Inde et à l'Afrique. Ce lien puissant et ténu, quel est-il, comment fonctionne-t-il ?

Plusieurs aspects de ce signifiant multidimensionnel sont examinés tour à tour afin de dégager les éléments composant l'imaginaire relatif à la terre. Nous avons exploré les diverses déclinaisons de ce vocable: la terre comme métaphore et symbole, comme berceau de l'humanité ; la terre comme territoire, patrie, que l'on possède et que l'on défend au péril de sa vie ; la terre comme élément fécond, le sol qui nous nourrit et vers lequel nous retournerons ; la terre- victime ou trésor de l'humanité, cruellement exploitée ou tendrement chérie. Car si

[1] P.B. Shelley *(La terre à la lune) Acte IV, Prométhée délivré.*

l'homme n'hésite pas à exploiter les trésors que recèle la Terre, à la souiller et à la désacraliser de façon éhontée, il n'en demeure pas moins qu'il la célèbre et la vénère d'innombrables façons dans le même temps : rites, cérémonies, chansons écrites à sa gloire, lui octroyant le titre de noblesse ultime – Mère.

La première partie aborde la terre en tant que métaphore mystique, patrie de l'humanité et symbole identitaire. Colette Poggi présente la place de la Terre dans la civilisation indienne ; dans laquelle elle est considérée comme l'un des cinq Eléments fondamentaux (mahâbhûta) ; les Veda, les premiers textes sacrés, font entendre des chants de vénération en l'honneur de cette divinité. La conception indienne de la Terre conduit à une vision unitaire de la réalité, riche d'expressions infinies. Vient ensuite une étude de François Ropert sur *The Waste Land* de T.S. Eliot dans laquelle il analyse les perceptions de la terre liées au temps et à l'espace, et à des constructions spécifiques et transculturelles, en Inde et en Afrique. Fragmenté et déroutant, le poème laisse cependant affleurer le tracé d'un continuum topologique qui unit les continents.

Dhana Underwood et Renuga Devi-Voisset explorent le vocable 'terre' comme symbole identitaire. D. Underwood explique que l'Inde partage avec d'autres pays la philosophie et la mythologique de la terre comme celle possédant une substance et des valeurs féminines. La terre indienne est ainsi représentée sous la forme d'une divinité *Bharat Mata*, (l'Inde Mère). Cependant, cette vénération de la femme est devenue un carcan pour les Indiennes, et elles ont dû trouver des stratégies pour s'en libérer. R. Devi-Voisset montre que la représentation hindoue de la déesse Terre, Bhu Devi, offre à la réflexion contemporaine non seulement un cadre intellectuel, philosophique et spirituel, mais également un cadre écologique. Sauver la planète ou disparaître avec elle telle est l'injonction lancée par la déesse Bhumi Devi explorée dans cet article.

Les deux parties qui suivent se focalisent sur les problématiques géopolitiques : unité contre fragmentation, local contre global, communautés et nations. La terre est désormais devenue la planète sur laquelle nous vivons, c'est-à-dire le territoire, la nation, la patrie et de ce fait, objet des luttes fratricides.

C'est le phénomène de la perte qui caractérise la deuxième partie évoquant dépossession, expulsion et déracinement. Ludmilla Volna analyse en parallèle les notions de « homeland », « motherland » et « fatherland » et leurs corollaires qui sont le droit du sol et le droit du sang, illustrés par la question des Sudètes, ces Allemands de Tchécoslovaquie expulsés à la fin de la deuxième guerre mondiale, à travers la nouvelle *Habermann's Mill* de Joseph Urban et les migrations forcées des musulmans au moment de la partition dans *Train to Pakistan* de Khushwant Singh. L'article de Brahim Benmoussa décline également la problématique de la perte lorsqu'il soulève le paradoxe juridique de la privatisation de terres tribales en Algérie malgré leur double verrou de propriété inaliénable de l'Etat et de domaine sacro-saint de la tribu. Il fonde son argumentation sur des enquêtes sociologiques récente menées dans le cadre de l'étude du foncier agricole.

Pour Sarah Fila-Bakabadio, les concepts de perte et de reconquête se traduisent également par le lien à la terre mais ils ne sont pas définis par les frontières d'un état ou même d'un continent. S. Fila-Bakabadio s'attache à redéfinir les identités des peuples noirs qui sont moins liées aux territoires qu'aux espaces. Elle remet en question la surdétermination historique qui par-dessus toute autre dimension a caractérisé l'historiographie contemporaine. Elle redéfinit le lien aux espaces qui structure les récits identitaires. La traversée de l'Atlantique, l'Afrique et les Afriques hors d'Afrique constituent dans cette perspective autant de marqueurs qui cartographient l'histoire ou les histoires des identités noires.

Dans cette troisième partie, consacrée aux luttes pour la terre, quatre articles usent d'une approche littéraire ou purement historique et se penchent sur les cas de différentes aires géographiques, notamment en Asie et en Afrique. Michel Naumann et Kolawale Elecho explorent le *kisan sabha* du Bengale et le socialisme *ujamaa* en Tanzanie, où se reflètent les luttes menées par les peuples, parfois soutenus par l'élite, afin de mieux contrôler la terre et éradiquer la pauvreté.

Ensuite viendra l'article contribué par Badra Lahouel où elle nous parle du dilemme résultant de la décision du gouvernement du Zimbabwe de redistribuer les terres. Elles devaient être distribuées au profit des couches déshéritées, comme l'avaient annoncé les partis nationalistes ZANU-PF et ZAPU, mais furent accaparées par certains officiels. Fewzia Bedjaoui, d'autre part, examine le cas de la célèbre écrivaine indienne d'expression anglaise (*Le Dieu des petits riens*), Arundhati Roy, qui se révèle être la voix d'une sensibilité spécifiquement féminine, en faveur de la paix et de la justice à travers son activisme socio-environnemental en Inde. Enfin, Ruby Gazay, après une description chronologique du développement de l'organisation du territoire indien à l'époque coloniale, décrit le processus de rassemblement des terres indiennes et la constitution de la fédération indienne après l'indépendance.

Dans la quatrième partie, nous terminons ce parcours, consacré aux multiples facettes de cette thématique, en passant au crible les enjeux écologiques et philosophiques. Joëlle Weeks aborde la problématique en confrontant deux aspects de la colonisation : elle voit dans le premier une exploitation de la nature et de ses ressources par la prise de possession des terres et l'implantation, en remplacement des cultures vivrières, de cultures industrielles (coton, canne à sucre, thé, café, etc.), ce qui non seulement a eu pour conséquence des périodes de famine mais en outre a transformé l'écosystème. En revanche, J. Weeks, citant l'ouvrage de Richard Grove, *Green Imperialism* met en avant un autre aspect du colonialisme ; selon Grove, les colons auraient été le fer de lance de politiques écologiques qui ont inspiré l'idéologie contemporaine. Deborah Jenner reprend le même thème, mais le situe quelques siècles plus tard. Elle expose l'expérience menée par le Swami Vivekananda qui allie le durable et le spirituel dans son projet le NARDEP, *Projet pour le Développement des Ressources Naturelles*, amorcé en 1986. Ayant conscience du caractère sacré de la Terre, le Centre recherche des moyens de rétablir cet état de fait, avec des constructions durables et à prix coûtant employant la brique, matériau issu de la terre, grâce à la gestion de l'eau, de l'agriculture et de l'énergie. Tout ceci contribue à une vie meilleure, respectueuse de l'environnement.

Pour compléter le débat Ganesh Devy s'interroge sur les enjeux culturels et philosophiques liés au phonocide (génocide des langues). Pour G. Devy au rythme des tendances actuelles nous courons le risque de vivre dans « une terre sans voix ». Il met en avant les dangers résultant des pertes linguistiques dans notre monde ou le mot 'globalisation' est trop souvent synonyme d'une aphasie culturelle collective. La langue seule demeure le vecteur d'un patrimoine culturel, rappelle-t-il. Toutes les langues créées par la communauté humaine constituent notre patrimoine culturel collectif. Par conséquent, il en va de notre responsabilité collective de nous assurer qu'elles n'aient pas à subir le 'phonocide' qui déferle sur le monde.

Ainsi dans ces quelques pages nous soulevons la question suivante, qui nous paraît de première importance : est-ce le destin de l'homme d'appartenir à la terre, ou au contraire, est-ce le destin de la terre d'appartenir aux hommes ? Doit-on prendre soin d'elle, ou les individus ont-il le droit de l'exploiter à leur gré, laissant la terre prendre soin d'elle-même ? Je vais, pour conclure par une note plus légère, vous raconter l'histoire du prince des oiseaux, l'autruche, et de la princesse les fleurs, l'orchidée.

C'est une histoire qui commence, comme tous les contes de fée, par "il était une fois". Donc, il était une fois un charmant jeune prince autruche qui tomba amoureux d'une splendide et délicate orchidée. Comme l'orchidée n'était pas insensible aux avantages du prince autruche, ils vécurent très heureux pendant des centaines et des milliers d'années. Mais, comme il advient, même dans les contes de fée, avec le passage du temps, des monstres destructeurs, appelés « les vents du changement », firent leur apparition. Ils déferlèrent sur la terre, ravageant et bouleversant tout sur leur passage, laissant derrière eux la désolation et des choses étranges et nouvelles.

Comme les monstres approchaient, la terre se mit à trembler et l'air devint plus chaud, avec quelque chose d'indéfinissable dans sa texture même, qui fit comprendre au prince autruche et à sa princesse orchidée que le changement était en cours. Le prince, selon la loi des autruches, décida de s'enterrer la tête dans le sable et d'attendre que les choses s'arrangent. Il se disait que la terre, les créatures et les plantes pouvaient bien prendre soin d'elles-mêmes. Il n'avait pas totalement tort, ni totalement raison. Et à ce moment là, le souffle puissant du vent du changement balaya le pays, ravageant et transformant tout sur son passage.

Lorsque le calme revint, le prince retira sa tête du sable et, regardant autour de lui, soupira de soulagement. Tout était calme et, comme on pouvait s'en douter, les choses avaient pris soin d'elles-mêmes – du mieux qu'elles pouvaient – tout était là, parfois transformé, parfois dans le même état. Mais la princesse n'y était plus. Une orchidée est une plante très précieuse – c'est la plus belle, la plus délicate, la plus fragile de toutes les fleurs – et comment pourrait-elle résister au vent furieux du changement qui fait des ravages ? Elle a besoin d'être soignée, d'être protégée, mais peut-être est-ce là ce qui fait tout son charme et donne tant d'éclat à sa beauté.

Quoi qu'il en soit, la princesse orchidée succomba au passage du vent du changement, ses fastueux pétales de velours furent arrachés, frappant la fleur au cœur. Mais quelque chose avait survécu – la nature est résistante et imaginative - et le prince autruche découvrit, à la place où se tenait l'élue de son cœur, une nouvelle plante, une tige desséchée et flétrie aux hampes carbonisées.

L'histoire se termine là – nous ignorons si le prince, réalisant ce qu'il était advenu de sa précieuse princesse, eût le cœur brisé et s'il versa des torrents de larmes, où s'il en vint à la conclusion que tout était pour le mieux dans le meilleur des mondes, le moignon flétri ayant de toute évidence les moyens de se débrouiller tout seul, ou enfin si, accablé, il décida de se remettre la tête dans le sable en attendant que les choses s'arrangent.

La question est de savoir si l'on peut se satisfaire d'une ortie desséchée quand on a aimé une somptueuse orchidée ? On pourrait la traduire, transposée au niveau de la société tout entière, par l'interrogation suivante: “les questions socio-environnementales doivent elles être traitées par des sophismes politiques qui les tournent en dérision et évacuent la question de savoir à qui appartient la terre ? Appartient-elle à ceux qui y vivent et y travaillent où à l'insaisissable entité appelée l'Etat ? Je pense que ce point précis est particulièrement sensible dans le contexte de l'Afrique et de l'Inde.

Est-il juste que les stratégies d'usage de la terre qui se succèdent soient constamment remaniées en fonction de calculs de rentabilité à court terme ? Ici encore, je place l'Afrique et l'Inde au premier rang ; de telles stratégies ne devraient-elles pas prendre en compte la destruction des richesses naturelles et en évaluer le coût financier aussi bien que l'impact sur les modes de vie, en termes sociaux et individuels ?

Finalement, replacée au niveau moral, la question n'est-elle pas de savoir s'il est acceptable que le prix de notre confortable mode de vie soit la destruction de la diversité de la faune et de la flore sur la planète ? J'emprunterai la réponse à cette question au Dr Rowan Williams, archevêque de Canterbury: "Le monde est moins que ce qu'il pourrait être et le restera aussi longtemps que l'être humain demeurera en deçà de ce qu'il pourrait être, puisque la capacité de l'humanité à modeler l'environnement en fonction de valeurs comme la justice et la générosité est annihilée par son égocentrisme [2]."

En clair, la terre ne nous appartient pas – elle nous est prêtée pour en jouir, mais non pour la détruire.

[2] Ref: The Archbishop of Canterbury, Dr Rowan Williams, delivered the Ebor Lecture at York Minster. 'Renewing the Face of the Earth: Human Responsibility and the Environment' Wednesday 25th March 2009.

PREMIERE PARTIE

La Terre : symboles identitaires

CHAPITRE 1

LA TERRE DANS L'IMAGINAIRE INDIEN ET SES EXPRESSIONS DANS LA CULTURE SANSKRITE NOMS, SYMBOLES, REPRÉSENTATIONS

Colette POGGI (Faculté de théologie, Lyon)

« Celui qui désire la vigueur vénère la Terre. »
Bhâgavata Pûrana

Des noms et des formes *(nâma-rûpa)*

Cette présentation a pour but de donner un aperçu de la richesse lexicale et sémantique liée à l'expression de l'élément Terre, telle qu'elle se trouva développée en Inde dès les *Veda*, au deuxième millénaire avant notre ère. Le sanskrit, considéré par les hindous comme langue sacrée, constitue depuis lors l'un des vecteurs essentiels de la civilisation indienne. Je ne ferai dans cette introduction qu'une brève mention des théories sur la Parole et du haut degré d'analyse grammaticale dont firent preuve les grammairiens de l'Inde ancienne. Certains d'entre eux élaborèrent une philosophie de la grammaire reposant sur une vision du monde interdépendante : noms et formes participant d'une même réalité. Alors que pour nous la parole est expression consécutive à l'existence des choses, il en va autrement pour la pensée indienne antique empreinte de sens religieux. Dans bon nombre de cosmogonies en effet, les divers éléments du monde viennent à l'existence à la suite de l'énonciation; les noms forment l'essence des réalités qui se manifestent parce qu'elles sont énoncées, telle est la théorie appelée *nâma-rûpa* (des noms et des formes). Il découle de cela que pour connaître la réalité d'une chose, il est fort instructif d'interroger son ou ses noms.

Ainsi, afin d'entrer dans l'imaginaire relatif à la Terre dans le monde indien, est proposée une investigation du champ lexical et de l'étymologie de ces divers synonymes (rassemblés dans l'*Amarakosha*[1]). Cela pourra permettre de dégager les éléments pertinents composant le registre sémantique de cet élément-substrat du monde. Cette observation linguistique met en évidence un champ symbolique riche d'éléments, tels que la montagne, la grotte ou l'arbre, significatifs de la bipolarité terre-ciel observée dans les *Veda*.

Mais avant d'aborder l'aspect linguistique de la Terre en Inde ancienne, je voudrais resituer l'expression de la terre dans son contexte originaire, riche d'un foisonnement de courants de pensée et de pratiques religieuses[2], et rappeler deux intuitions centrales qui président à la plupart des cosmogonies :

- l'unité primordiale de l'univers, considéré comme un organisme, obéissant à la loi du *ṟtam* ;
- d'autre part, la différenciation qui s'ensuit, et le modèle de l'emboîtement des divers éléments.

L'élément « Terre » et sa fonction cosmogonique dans l'imaginaire védique, upanishadique et puranique

Notre manière de considérer l'histoire du monde, et donc de la terre, est radicalement distincte de celle de l'Inde ; dès ses intuitions premières, cette antique civilisation a exprimé la théorie d'un temps non pas linéaire mais cyclique, d'une manifestation cosmique qui, à la manière d'une onde, alternativement apparaît puis disparaît, ou plutôt se résorbe en sa dimension originelle (imaginée par exemple comme la vibration d'une pure conscience). Tout cela dans un rythme précis qui lui est propre et porte sur des milliards d'années[3].

---

[1] Le dictionnaire sanskrit versifié, classé selon les synonymes et datant probablement du IVe siècle avant notre ère, désigné par le terme *Amarakosha*, doit son nom au célèbre lexicographe *Amara* (littéralement immortel, impérissable) ; il est aussi connu sous le nom d'*Amarasimha*.

[2] Ce que l'on nomme hindouisme regroupe une grande variété de pratiques et théories, qualifiée d'orthopraxie et rassemblant nombre de courants religieux, spirituels, et d'écoles de pensée souscrivant à la notion de Loi cosmique éternelle, *sanâtana dharma*.

[3] La civilisation indienne conçoit la temporalité de manière cyclique, en « vagues » de temps émergeant de l'océan infini, la plus vaste de ces

Voici en avant-propos quelques représentations de l'origine de la terre, extraites de l'imaginaire védique, upanishadique et puranique. La première donnée est celle des *Purâna* qui, bien qu'ultérieure, donne un aperçu complet du processus cosmogonique ; elle est présente également dans certaines *Upanishads*.

La mythologie consignée dans les *Purâna* donne à penser l'infini des origines. C'est l'immensité océanique qui forme le cadre cosmogonique. Le dieu *Vishnou*[4], qui préside à la préservation du monde, repose sur le serpent *Ananta* (Infini) appelé aussi *Shesha* (Reste), car il conserve dans ses anneaux les éléments des mondes passés qui serviront dans les créations futures. Au moment voulu, du nombril de *Vishnou* plongé dans un profond sommeil, émerge un lotus. De sa corolle naîtra un œuf, nommé *Brahmânda*, Œuf de *Brahmâ*, à partir duquel, en diverses étapes, le monde vient au jour. Non-temps, réveil de la puissance créatrice, surgissement du germe de vie, passage du rien à l'un, de l'un au multiple : ces phases sont associées à des symboles universels (océan, lotus, œuf).

Dans le passage suivant de la *Chândogya Upanishad* est imaginé ce surgissement de l'univers dans l'existence; la Terre appartient à un tout, l'œuf cosmique symbole d'unité vivante et de déploiement à venir. Chacune des parties deviendra fleuve, montagne. La coquille d'argent dans sa moitié inférieure

---

«vagues ». A chaque *kalpa*, correspondant à la manifestation d'un monde, durant quatre milliards trois cent vingt millions d'années de vie humaine, succède inexorablement une « grande dissolution » de même durée. Un mois de la vie de *Brahmâ* (*Brahmâ* est le dieu créateur de la triade, *trimûrti* divine) équivaut à trente *kalpa*. Un jour de *Brahmâ* est formé de mille *yuga*, périodes temporelles à l'intérieur desquelles se dessinent encore de nombreuses subdivisions : un *mahâ-yuga* est composé de *satya-yuga, tretâ-yuga, dvâpara-yuga, kali-yuga* ; une période de *Manu* comprend environ soixante-et-onze *mahâ-yuga*. (cf. *Rg-Veda, Mahâ-Bhârata*). Lors de ces cycles successifs l'ordre cosmique *(dharma)* se dégrade ; la même perspective inspire la théorie des « périodes de *Manu* » *(manvantara)*.

NB. Le r voyelle *(r)* se prononce ri.

[4] La triade divine *(trimûrti)* qui compose le panthéon hindou est formée de *Brahmâ-Vishnou-Shiva* (création-conservation-dissolution).

correspond à la terre, celle d'or dans sa moitié supérieure représente le ciel ; toutes deux n'existent qu'au sein d'une nécessaire polarité terre-ciel.

> Au commencement ce monde n'était que Non-Être *(asat).* L'Être *(sat)* advint, il se développa et devint Œuf. Pendant un an, il reposa, puis il vint à éclore. Les deux moitiés de la coquille étaient d'or et d'argent. Celle en or est le Ciel, celle en argent, la Terre. La membrane externe est devenue les nuages et la brume ; les vaisseaux de l'œuf sont devenus les fleuves ; ses liquides se sont transformés en océan.
> Ce qui naquit ensuite est le Soleil là-haut. Quand il apparut, des bruits et des cris s'élevèrent vers lui, ainsi que tous les êtres et tous les désirs. C'est pour cela qu'au lever du soleil les rumeurs, les êtres et les désirs montent vers lui. *Chândogya Upanishad* III. 19.1-3

De toutes les approches connues, il n'en est aucune qui ne célèbre la terre comme support universel des êtres et des choses[5]. Cette fonction sera également transposée sur un plan spirituel par les bouddhistes avec la notion des terres *(bhûmi*[6]*)* correspondant soit à l'existence même des *bodhisattva*[7], soit alors à des degrés d'évolution de plus en plus élevés vers la connaissance parfaite[8]. Le *buddha* lui-même prend à témoin la

---

[5] La *Mundaka Upanishad* fournit un autre exemple de l'unité dynamique du cosmos, intégrant la terre, ici symbolisée par la roue.
« Au centre du monde
Bat l'invisible pulsation du *Brahman*
Infiniment subtil
Cœur universel de tout ce qui vit et respire.
En lui sont tissés le ciel et la terre
Découvre-le !
Essence imperceptible (de la roue) des énergies subtiles du corps,
Se diffusant comme des rayons tout autour du moyeu ».
C'est à leur jonction que se révèle le *Brahman*, (l'Absolu). traduction française de Gilles Farcet, dans *Les Upanishads*, traduction et commentaires de Alistair Shearer et Peter Russell, éd. A.L.T.E.S.S., Paris, 1995.

[6] Dans le bouddhisme *Mahâyâna*, le *bodhisattva* (l'être qui se destine à l'éveil), franchit dix terres *(bhûmi)* correspondant à des seuils de sagesse et d'éveil (joie, pureté, luminosité, radiance, nuage de la doctrine).

[7] Cf. *Mahâvastu* I, , (vol. III) éd. Emile Senart, Paris, 1882-1897, p. 77.

[8] Cf. *Mahâyânasûtrâlamkâra*, éd. Sylvain Lévi, Paris, 1907, p. 183.

terre lors de son éveil, dans la célèbre attitude nommée *bhûmisparsha* (littéralement « acte de toucher la terre »).

Une autre approche, plus ancienne, celles de *Veda* et des *Brâhmana* relatifs, éclaire plus précisément ce rapport terre-ciel, sous l'aspect de la tension libératrice générée par leur espacement. Non différenciées à l'origine, ces deux dimensions fondamentales ne laissaient pas d'espace pour la circulation du vivant. Les énergies divines remédient à cette densité formée par la Parole dotée d'efficience. C'est ainsi que les mondes *(loka)* parviennent à l'existence et à une articulation harmonieuse.

> Au commencement les mondes étaient contigus, on pouvait toucher le ciel. Les dieux *(deva)* désirèrent plus d'espace. Ils respirèrent à travers les mondes avec trois syllabes *vî- ta-ye* et les mondes se distinguèrent. *Shatapatha Brâhmana* I.4.1.22-23

Cette mise au large / espacement entre Terre et Ciel ouvre un libre espace célébré dans le *Rg-Veda*, car il met un terme à l'étroitesse (suscitant l'angoisse[9]) exprimée par le terme *vîdvamhas* dans le *Rg-Veda* IV.3.14. L'espacement dans ces passages védiques est exprimé par la locution verbale sanskrite *vi-DHR* signifiant séparer (préfixe *vi-*) ce qui soutient, c'est-à-dire les *dharman* (structures maintenues par *Varuna*, le dieu Lieur, cf. *Atharva-Veda* V 1.2). Ainsi apparaît la lumière, s'ajustant *arpita (R)* au firmament bien ordonné ; l'espace libre permet dès lors la circulation des divers éléments vitaux, « soleil, lumière, vent, eaux célestes qui, soutenues, étayées, font le tour du monde. » *Rg-Veda* II.28.4.

Prenant pour assise la terre, « le chemin du *rta* s'est ouvert » lit-on dans le *Rg-Veda* I.46.11. Sinon « le chemin du *rta* est bloqué », ce qui engendre *nirrti*, la dissolution. De la distinction terre-ciel dépendent l'agencement et la mise en mouvement du « brillant héritage », correspondant à la division de l'univers en trois *loka* (monde). Le *triloka* se compose de *bhûrloka* (la terre), *bhuvarloka* (situé entre la terre et le soleil), *svarloka* (situé entre le soleil et l'étoile polaire). L'Acte primordial

[9] Le terme « angoisse » a pour étymologie le latin *angusta*, « étroit ».

suscitant l'orchestration spatiale est considéré comme un don, *r̲ta* (cosmos ordonné) est qualifié de *râdha* (don), faisant échec à l'*anr̲ta*, le chaos.

À l'intérieur de ces mondes prend place une autre différenciation, correspondant aux cinq éléments (terre, eau, feu, air ou vent, éther ou espace).

La Terre dans la théorie des éléments, *mahâbhûta*

Les diverses doctrines de l'hindouisme distinguent ainsi cinq éléments fondamentaux, appelés également « grands éléments », *mahâ-bhûta* : selon la perspective du *Sâmkhya*, qui analyse les catégories *(tattva)* de la réalité, les *bhûta*[10] proviennent des éléments subtils *(tanmâtra*[11]*)* correspondants, issus eux-mêmes d'un principe plus subtil encore.

Lors de la manifestation cosmique *(sr̲st̲i)*, l'apparition de ces éléments se produit selon un ordre allant du plus subtil au plus grossier, de l'éther à la terre :
Tout d'abord apparaît l'espace cosmique, lié au son : *Akâsha-shabda* (son)
Puis l'air, également lié au son, et tangible : *Vâyu- sparsha* (toucher).
Ensuite, le feu, sonore, tangible, visible : *Agni* ou *tejas- rûpa* (forme).
L'eau, sonore, tangible, visible et savoureuse : *Ap* ou *jala- rasa* (saveur).
La terre, possédant les qualités précédentes, est aussi odorante : *Pr̲thivî- gandha*(odeur).

Les phases de dissolution cosmique *(pralaya)* se déroulent dans l'ordre inverse, chaque élément matériel se résorbe en l'élément subtil correspondant, et en dernier lieu, en l'*âkâsha*.

Chacun de ces éléments possède les qualités des précédents, leur ensemble forme le terrain d'expérience *(kshetra)* du

---

[10] « Advenu » *bhûta* est le participe passé de *BHÛ* devenir, exister.

[11] Le terme *tanmâtra* (élément subtil) est formé de *mâtra* « mesure », « seulement », « rien que », et de *tan* « cela » (*tat* devant *ma* devient *tan* en résonance de l'euphonie des nasales). Ainsi *tanmâtra* signifie « rien que cela », subtil, imperceptible.

monde, comprenant macrocosme et microcosme, car le corps physique[12] obéit au même modèle.

- Consistance, stabilité, solidité : *sthiratâ ghanatâ* Terre.
- Fluidité : *dravatâ saratvam* Eau.
- Ardeur, échauffement, ferveur : *tapas, usna* Feu.
- Souffle, vent (circulation, vivification) : *vâta, vâyu, anila, ana* Air.
- Luminosité omnidirectionnelle, omnipésence : *âkâsha, kha*, Ether/Espace.

La catégorisation des éléments suit la règle des trois *guna* – ce terme signifiant fil, fibre, qualité. *Sattva, rajas, tamas* composent ainsi la triade des qualités universelles présentes en toute chose selon des proportions diverses : la terre par exemple possède un fort coefficient de *tamas*, cependant *rajas* et *sattva* n'en sont pas absents.

- *sattva*[13] : bonté, vertu, joie, légèreté, transparence.
- *rajas*[14] : mouvement, passion, transformation, souffrance.
- *tamas*[15] : ténèbres, torpeur, ignorance, lourdeur, opacité.

Les mêmes éléments et qualités composent le monde et chacun de ses microcosmes. Il n'est dès lors pas étonnant que les multiples formes de la Nature soient perçues, selon la sensibilité indienne, comme douées de vie et d'âme, ainsi que le suggère cet extrait du *Kâlikâ Pûrana* :

> Rivières et montagnes possèdent une double nature. Si une rivière semble n'être que mouvement aquatique, elle n'en est pas moins un être vivant doté d'une personnalité distincte. Quant aux montagnes, apparemment inertes, elles sont douées d'un principe de vie. Savons-nous vraiment, en regardant un coquillage

---

[12] À la mort, on dit que l'être retourne aux « cinq » (éléments), tel est le sens de l'expression *pañca GAM* : ce qui est terre dans le corps (les os) retournent à la terre, ce qui est fluide, retourne au fluide du monde, ce qui est de nature ignée (énergie liée au *guna rajas*) telle que le feu de la digestion, retourne au feu universel, le souffle rejoint le vent, l'espace intérieur se fond dans l'éther.

[13] *Sattva* est formé sur le participe présent *sat* « étant », ce qui est : *sat-tva*, ce qui a la qualité de l'être.

[14] *Rajas* vient de la racine verbale *RAÑJ rajati* ou *rajyati* se colorer, rougir, flamber, s'exciter, se mouvoir.

[15] *Tamas* vient de la racine verbale *TAM tâmyati* (3e pers. sing.) défaillir, se figer, suffoquer.

immobile, s'il est habité par un être vivant ? Il en va de même pour les rivières et les montagnes, apparemment inanimées, mais qui cachent cependant une vie subtile. *Kâlikâ Pûrana*, XX.10.13

En accord avec ses fonctions et ses qualités, un ensemble de noms ont été conférés à la terre ; ou plutôt devrait-on dire, selon la théorie *nâma-rûpa* évoquée ci-dessus, que ces mots ont suscité la terre dans sa/ses forme(s), l'agencement des phonèmes agissant à la manière d'une formule moléculaire. Cette perspective a certes de quoi surprendre, mais, à vingt siècles d'intervalle, nous comprenons aisément le *modus operandi* de ces représentations du monde ; comment ne pas être admiratif devant une telle richesse expressive, de la relation au cosmos, aux éléments, à la Terre, qu'elle implique ?

Les noms de la Terre, élément cosmique

Les mots et qualificatifs de la terre fournissent des indices sur la manière dont étaient considérés sa nature et son rôle en tant qu'élément cosmique. Ils relèvent presque tous du genre féminin ; ce qui n'est pas sans lien avec un imaginaire de la profondeur, associée à une matrice créatrice où se forment au cours des millénaires des substances diverses, des plus ordinaire jusqu'aux pierres précieuses.

La Terre est divinisée dans les *Veda* : stabilité, spatialité, fécondité

Cet hymne bref du *Ṛg-Veda* figure parmi les plus expressifs de ceux consacrés à la Terre ; on y découvre les caractéristiques essentielles qui seront célébrées en son hommage dans les *Veda*.

Ainsi, ô vaste Terre, c'est toi
Qui porte le faix des montagnes !
C'est toi qui pourvue d'extension
Incite la nature avec grandeur !

Toi qui t'étends de toutes parts
Nos cantiques te louent, les nuits durant,
Toi qui disperses la semence

Comme un enjeu puissant, ô blanche !
Grâce à la force de ton sol, ô Terre,
Tu affermis les arbres, toi, Solide !
Lorsque brillent pour toi les éclairs de la nue,
Lorsque pleuvent pour toi toutes les pluies du Ciel. *Ṟg-Veda* V.84[16]

Parmi les innombrables termes désignant la terre en Inde ancienne, seuls quelques-uns ont été ici retenus, la plupart datant des *Veda*. Leur multiplicité indique à elle seule l'importance qui lui était accordée; car c'est afin de la vénérer dans ses diverses dimensions et en raison de la puissance accordée à la parole, que les hindous nomment « la terre » à travers d'aussi riches nuances. L'invocation d'une divinité forme en effet le cœur du rite et de son efficience ; le bénéfice recherché est de prévenir ou porter remède à l'angoisse du chaos, de la sécheresse.

Comme le déclare le *Bhâgavata Pûrana*, « Celui qui désire la vigueur vénère la Terre. » La vénération de la terre est associée à la force de vie, de création, de fécondité, de floraison comme dans la plupart des traditions anciennes, elle forme le substrat, la *materia prima*, la matrice des formes minérales, végétales telle la déesse-mère Gaïa dans la Grèce antique.

Voici, parmi les plus significatifs, un aperçu des mots (tous féminins), correspondants à la Terre :

Bhûmi : fondement du devenir

Ce terme polysémique désigne la terre, le sol, mais aussi le pays, le territoire, et le réceptacle. Etymologiquement il signifie « ce à partir de quoi tout advient », c'est en effet en la terre que s'enracine le devenir des êtres.

Notons le terme *bhûman* dans le *Ṟg-Veda* nommant la terre, le monde, mais aussi l'abondance, l'opulence.

Bhûmi, dérivant de *BHÛ bhavati* (devenir, venir à l'être, advenir ; au causatif *bhâvayati*, produire, créer) signifie, outre la terre, une situation, ou toute réalité en laquelle on peut placer

[16] *Les Vedas*, Jean Varenne, éd. Les deux Océans, s.d.p. Paris, 132.

sa confiance. Elle est vénérée comme la « Maîtresse de tout ce qui fut et de ce qui sera ». *Atharva Veda* 12.1.

Dharâ **: celle qui porte, celle qui soutient**

Le nom de la Terre, *Dharâ*, s'apparente à *Sthirâ*, féminin également, signifiant le support ou le socle (littéralement « celle qui est stable, ferme »). La Terre est en effet tout à la fois le support *(dhara*[17]*)* par excellence de toutes les formes et de tous les êtres, animés ou inanimés, leur principe nourricier, ainsi que leur substance. Sa solidité et sa stabilité garantissent tous les mouvements ; de plus, elle transmet ces qualités à ceux qui l'invoquent, comme le suggèrent les passages suivants tirés de l'*Atharva Veda* :

Rochers, Terre, pierre ou poussière
La terre est stable et ferme
Sa poitrine est faite d'or
Je rends hommage à la Terre.

Que nous désirions nous redresser ou nous poser
Nous tenir debout ou nous mettre en chemin
Du pied droit, ou du pied gauche
Puissions-nous ne pas chanceler sur la Terre.

Cette stabilité se double toutefois d'un paradoxe : apparemment immobile (*Acalâ* : l'Immobile), elle est néanmoins perçue comme se mouvant dans le cosmos, ainsi que le suggère cette autre dénomination de la Terre : *Jagatî*, la Mouvante, la planète.

Une autre veine lexicale la désigne en tant que ***Pṟthivî,*** « Spacieuse, Ample », dans le temps comme dans l'espace, accueillant patiemment tous les phénomènes dans leur devenir. Elle est ainsi célébrée comme la Mère universelle, la Patiente, symbolisée par la Vache cosmique, dispensatrice de tous les bienfaits. Elle est sous cette appellation l'épouse de Dyaus, le Ciel selon le *Ṟg-Veda. Pṟthivî* (fém.), Spacieuse, dérive de l'adjectif *pṟthu* (spacieux, ample, multiple).

---

[17] *DHṞ dharati* (3e sing. présent) : porter, préserver, tenir, soutenir.

Pour les *Purâṉa* cependant, elle est la femme de *Pṟthu*, incarnation mineure de *Vishnou*, qui confère son nom au premier souverain, inventeur de l'agriculture : selon la mythologie ce fut ce dernier qui découvrit les trésors de la Terre et l'obligea à s'ouvrir pour nourrir les êtres vivants. C'est lui également qui creusa le premier puits et trouva les premières plantes médicinales[18].

En relation avec la notion d'espace, la Terre est également appelée :

Mahî « Grande, Vaste »,
Urvî (de *uru* large, excellent) : l'Excellente.
Anantâ : l'Infinie,
Aditi : la Sans-limite, « inépuisable réserve de biens ».

D'autres manières de l'envisager ont poussé ses adorateurs à lui conférer encore bien des noms connotant diverses fonctions : *P̲r̲s̲n̲î* (prononcé *prishnî*), par exemple, désigne la Terre en lien avec l'eau, ce terme en effet nomme aussi la divinité védique des nuages portant la pluie, la mère de Marut, le Vent.

Quant à *Bhûtadhatrî* « celle qui porte et nourrit *(dhâtrî)* tous les êtres *(bhûta)* », on y perçoit de nouveau une allusion à la nature maternelle qu'elle symbolise souvent, ainsi la Terre nourrit de saveurs et de souffle vital tous les êtres vivants *(bhûta)*, elle en est aussi la purificatrice.

Ton centre et ton moyeu, ô Terre,
Et toutes les vigueurs qui émanent de ton corps,
Dispose-nous en elles, par elles, purifie-nous !
La Terre est une mère, je suis le fils de la Terre,
Mon père est Parjanya : qu'il nous comble ! *Atharva Veda* 12.1

Rasâ (dotée de *rasa,* sève, suc…) : savoureuse

C'est sur la Terre, dispensatrice de nourriture, de suc,
Que vivent les hommes, êtres mortels.

---

[18] « La Terre a ses pentes et ses côtes, sa large plaine,
elle porte les herbes aux multiples vertus. » *Atharva Veda* 12.1 dans *Les Vedas, op. cit.,*note 16.

Veuille la Terre nous donner le souffle et la vie
Veuille la Terre m'accorder d'atteindre l'âge mûr. *Atharva Veda*

Bienfaisante, elle contient en latence des trésors ; elle offre bien-être et protection à l'infinité des créatures :

Ratnagarbhâ : (qui porte) en germe *(garbha)* des trésors, pierres précieuses ;*(ratna)* ;

Vasundharâ (de *vasum* trésor, et *dhâra* porteur) : celle qui contient des trésors ;

Vasudhâ (de *vasu* bon, excellent, d'ou « trésor » et *dhâ* assise, base : dont le fondement est trésor) : terre, sol, royaume.

Veuille la Terre nous accorder prospérité et gloire
Fais rejaillir sur nous ta splendeur
C'est sur la Terre qu'est offert aux dieux le sacrifice,
La libation bien faite. *Atharva Veda*

Comme nous l'avons vu précédemment, les deux divinités primordiales, Terre *Pṛthvî* (féminin) et le Ciel, *Dyaus* (masculin), son époux, sont intimement liées dans les *Veda*. Par leur distanciation qui « ouvre » l'espace, la manifestation peut s'inscrire dans l'existence, le souffle et la vie sont mis en circulation. L'espace est donné comme réalité première par rapport au temps suggéré par une roue :

Quelle est la première, quelle est la seconde d'entre elles ?
Comment sont-elles nées ? O sages, qui le sait ?
Elles nourrissent tout ce qui existe.
(Sur elles) jour et nuit roulent comme avec une roue…
O Ciel et Terre, gardez-nous du mal ! *Ṛg-Veda* I.185

Compatissante, hospitalière durant la vie comme dans la mort, la Terre est conçue sous la forme d'un *yantra* (diagramme symbolique orienté) présentant des lignes de force :

Tes régions du levant, et du nord Ô Terre
Celles du midi et du ponant
Puissent-elles m'être hospitalières quand je suis en chemin
Puissè-je ne pas tomber quand je prends appui sur le sol. *Atharva Veda*

Elle est considérée enfin comme la famille originelle, *gotrâ,* accueillant le défunt :

Quand l'urne funéraire, après l'incinération, est mise en terre,
Entre dans la Terre, ta mère,
Celle aux vastes demeures, aux faveurs bienfaisantes,
Douce comme la laine pour l'homme généreux.
Puisse-t-elle te préserver du néant.

O Terre, tends une voûte pour ne pas l'écraser
Accueille-le, Terre, prends-le,
Recouvre-le du pan de ton ample vêtement,
Comme une mère enveloppe son enfant.
Rg-Veda Grhya sûtra IV. 1

L'évocation de ces divers noms et qualificatifs de la Terre, glanés dans les textes rituels, ne saurait passer sous silence ceux qui rendent justice à sa tranquillité : on lui rend hommage comme à la Patiente, *Kshamâ* ou à Celle qui endure tout *(sarvam), Sarvamsahâ* ! Ce voyage dans l'univers de l'Inde ancienne, cependant toujours d'actualité dans bien des formes rituelles, offre un miroir à l'homme d'aujourd'hui qui l'incite à s'interroger sur son rapport à la Terre en tant que dimension fondamentale de la manifestation cosmique. Il détient en effet le pouvoir (tout provisoire) de la respecter ou de lui nuire, voire d'en tirer une leçon de vie.

L'immobilité, la fixité, ne sont pour elle qu'apparence ; sa réalité concrète, faite de visible et d'invisible, de lumière et d'obscur, nous parle de l'origine et de la fin. Toujours proche, ininterrompu, l'espace de la Terre fonde le rythme des mondes, toujours recommencés. Ses secrètes profondeurs, ses formes signifiantes, ont nourri l'imaginaire indien, et de cette perception sont nés des symboles associés à la Terre, tels que la montagne, la grotte ou l'arbre.

Éléments symboliques associés à la Terre : montagne, grotte, arbre

La montagne *(parvata, giri)*, élément médiateur de la correspondance corps-montagne-cosmos

Fondement originel, la montagne *(parvata*[19], *giri*[20]*)* représente dans de nombreuses civilisations le centre du monde et est alors désignée par les expressions « moyeu du ciel », ou « nombril du ciel ». Elle est également lieu de passage par excellence entre le ciel, la terre et parfois les mondes inférieurs. Ce lieu de jonction permet d'atteindre les dieux qui résident au Ciel, car ils ne descendent pas plus bas que les cimes, selon une croyance indienne : ainsi *Shiva* a-t-il élu domicile sur le mont Kailash, au cœur de l'Himalaya.

Sous la forme du mont Meru (prononcé Mérou) qui a pour correspondance microcosmique l'axe vertébral, la montagne est considérée en tant qu'axe du monde. Dans la mythologie indienne, celui-ci servit de pilon lors du barattement cosmique de l'océan de lait : dieux et anti-dieux *(deva* et *asura)* tirèrent alors chacun dans un sens, la corde enroulée autour de lui, formée par le serpent mythique *Shesha* ou *Ananta* (l'Éternel), afin de faire surgir le Nectar d'Immortalité *(amrita)* qui demeurait au fond de cet océan. La densité de la Terre, comme axe unissant les trois dimensions, profondeur souterraine (ici océanique), intermédiaire et céleste, se manifeste avec clarté dans cet épisode mythologique.

Citons aussi la célèbre Montagne couleur d'aurore, *Aruṉâcala* (prononcé *Arounatchala*), incarnant *Shiva* en personne ; en ce haut-lieu, sacré entre tous, de l'Inde du sud, vécut Ramana Maharshi[21], l'un des plus grands saints hindous

---

[19] *Parvata*, nom masculin de la montagne dérive de la racine *PṞ* emplir, d'où l'image associée de la plénitude.

[20] *Giri*, nom féminin désignant la montagne, est lié à *guru* (lourd) cf. en français « grave, gravité ».

[21] Râmana Mahârshi (1897-1950), né près de Madurai, vécut aux pieds de la montagne sacrée d'*Arunâcala*, à Tirouvanamalai, où il transmit son expérience par la méditation en silence, et quelques dialogues dans l'esprit de l'*Advaita Vedânta*.

du XXe siècle, ainsi que le moine bénédictin Henri Le Saux, de son nom hindou Abhishiktânanda (Poggi 2010). Arrivé en Inde en 1948, il y demeura jusqu'à sa mort en 1973, arpentant les lieux sacrés de l'Inde, du sud au nord, d'*Aruṉâcala* jusqu'aux sources du Gange, dans les montagnes himalayennes, vivant le plus souvent dans des huttes ou des grottes naturelles, selon la pratique des ermites.

La grotte *(guha)*

Au cœur de la montagne se nichent les grottes, les cavernes *(guha)*, abritant les ascètes qui viennent méditer et séjourner, parfois durant des années, dans cet habitacle naturel. La mythologie indienne attribue à ces espaces intérieurs de la terre une fonction protectrice du Germe de vie, la montagne, dans son antre, ses entrailles, faisant office de matrice recelant l'Embryon d'Or *(hiraṉyagarbha)*. Cette pratique n'est pas sans rappeler l'antique rite de l'autel védique : dans la couche de brique du fond, au centre, se trouve emmurée une figurine de l'Homme d'Or, représentant l'image du sacrifiant dont l'être profond, le soi, doit subir une transmutation. Son visage est tourné vers le ciel, sa tête dirigée vers l'est. Il se situe au-dessous du pilier central, le fût de la colonne étant censé véhiculer son souffle verticalement, dans le domaine intemporel.

L'arbre (*vṟkṣa*), pilier cosmique *(skambha* ou *stambha)*

Comme la montagne, l'arbre *(vṟkṣa*[22]*)*, remplit la fonction symbolique de pilier cosmique ou d'axe du monde : « En séparant la Terre et le Ciel par un pilier *(stambha ou skambha)*, il créa l'Espace originel de l'Existence. » *Ṟg-Veda* VIII 41.10. Ce passage de l'*Atharva Veda* rassemble divers éléments de la symbolique védique liés à la Terre, en intégrant la Parole :

> Quelle fut la plus élevée, la plus profonde, celle intermédiaire, parmi les formes que créa *Prajâpati* (le Père des créatures) ?
> Comment *Skambha*, le Pilier cosmique vint-il à l'existence ? Lui en qui repose ciel, atmosphère, terre, en qui sont fixés feu, lune,

---

[22] Prononcé *vriksha.*

soleil , en qui résident les trente-trois dieux, c'est à partir de lui aussi que naquirent les Versets, les formules sacrificielles, les Chants des *Veda*.
Quant à l'Embryon d'Or *(Hiranyagarbha)*, le Suprême, c'est *Skambha* qui en versa l'Or dans le monde. *Atharva Veda* 10 7.8 et 32

L'Arbre céleste inversé, symbole du *Brahman*

Une lecture étymologique (Monier-Williams 1008) digne d'intérêt sémantique met en correspondance les termes *Brahman,* l'Absolu et *vr̲ks̲a* selon la convertibilité des formes *VR̲H* / *BR̲H* attribuées à une même racine verbale signifiant croître, devenir immense. Les formes graphiques des consonnes *ba* et *va* en *devanâgarî* ne diffèrent en effet que par la diagonale qui barre le cercle du *va* pour le *ba.* Ainsi le *Brahman* est-il suggéré par une arborescence infinie, comme le montrent les passages suivants :

> Racines en haut, branches vers le bas, tel est cet *Ashvatta* atemporel. Il est le *Brahman*, l'Immortel. En Lui résident tous les mondes ; rien n'existe au-delà. *Katha Upanishad* VI.1
> *Brahman* fut le bois, *Brahman* l'arbre dont ils firent le ciel et la terre. Le *Brahman* se dressait, soutenant le monde. *Taittiriya Upanishad* II.8-9
> Le *Brahman* trinitaire *(tripad)* a ses racines vers le haut. Ses branches sont l'éther, l'air, le feu, l'eau, la terre, et tout ce qui existe. Ce *Brahman* est appelé « l'*Ashvattha*[23] unique ». Sa prodigieuse énergie *(tejas)* surpasse le soleil, elle est la puissance éclatante de la Syllabe *OM*[24]. Ainsi doit-on sans cesse le célébrer grâce au mantra *OM* ; il est l'Un, l'Éveilleur. *Maitri-Upanishad* IV.4

---

[23] L'*ashvatta* est le grand figuier, *ficus religiosa*, ou *pippal-tree*, considéré comme un arbre sacré, symbole de fécondité et de fertilité.

[24] La syllabe sacrée *OM* ou *AUM* symbolise la triade divine, résume la réalité, les trois mondes... Originellement placée au seuil et au terme des textes sacrés, ce *mantra* (formule sacrée) est utilisé comme support essentiel de méditation par les hindous.

La Terre où vivent les hommes est considérée par les hindous comme *karmabhûmi* « Terre des actes », *karman* signifiant ici tout particulièrement l'acte rituel par lequel l'homme gagne des mérites selon son degré d'ajustement à l'Ordre cosmique *dharma*. Pour les adeptes de *Shiva*, l'apaisement trouvé dans l'abandon de soi au divin relève cependant de la grâce, comme le suggère la danse de *Shiva-Natarâja*. Un passage du *Cidambara Mummani Kovai,* cité par A.K. Coomaraswamy dans *La danse de Shiva,* décrit la quintuple activité de *Natarâja*, Seigneur de la Danse cosmique ; la Terre apparaît à la fois comme la scène sur laquelle, de son pied gauche, Shiva prend appui et comme le havre offert à tous les hommes en proie aux tumultes du monde, tandis que le pied droit levé, s'arrachant à la pesanteur, indique la voie de délivrance, hors du *samsâra*[25].

> O mon Seigneur, Ta main tenant le tambour sacré a fait et ordonné les cieux et la terre et les autres mondes et les âmes innombrables.
> Ta main levée protège à la fois l'ordre conscient et l'ordre inconscient de Ta création.
> Tous ces mondes sont transformés par Ta main portant le feu.
> Ton pied sacré posé sur le sol donne une demeure à l'âme fatiguée se débattant dans les rets de la causalité.
> C'est Ton pied levé qui accorde la félicité éternelle à ceux qui T'approchent. [26]

---

[25] Sous le joug de la nescience *(avidyâ),* les hommes oublient leur nature véritable et s'engagent alors à leur insu dans la ronde inexorable des transmigrations *(samsâra)*, fuyant aveuglément, à l'extérieur d'eux-mêmes, dans une quête inlassable du bonheur. La danse de Shiva symbolise l'accès à une autre manière de comprendre et de vivre, constituant une « voie de délivrance ». La symbolique de cette statue s'analyse traditionnellement ainsi : tandis que le pied gauche de Shiva terrasse Apasmâra, le démon-nain de l'ignorance et de l'oubli, son pied droit montre une autre direction possible, soit une voie libératrice permettant à l'être humain de danser sa vie au rythme de la pulsation cosmique incarnée par le petit tambour *(damarou)* que tient Shiva dans sa main droite.

[26] Un texte traditionnel de l'Inde méridionale, le *tirumantram* de Tirumular évoque la Danse de *Shiva* :
Sa forme est partout : pénétrant tout en Son *Shiva-Shakti* ;

Nombreux sont les sens accordés à la Terre dans l'imaginaire indien : support universel, en interdépendance avec les autres éléments, eau, feu, air, espace ; la terre nourricière est, à l'égard de tous les êtres, inépuisable réserve de biens, protectrice, mais aussi, par les symboles de la montagne, de l'arbre, suggestive d'un élan et d'un axe reliant aux énergies célestes.

Ces divers aspects furent consignés dans les textes sacrés ainsi que dans les traités d'architecture, *Vâstukâla*[27], s'appuyant également sur l'astronomie, selon lesquels la terre est conçue comme un espace sacré. Cette science plurimillénaire de la construction et de l'habitat reposant originellement sur le bois, se retrouve dans l'architecture des temples. L'une des perspectives les plus intéressantes du point de vue philosophique dans ce domaine est celle livrée par un temple comme *Ellora*, excavé dans la colline : l'intention des architectes étant de suggérer sous la multiplicité des formes (sculpturales etc.) la base unique (le rocher nu), à l'image de l'unicité de l'essence universelle.

Garante d'équilibre et d'harmonie *(ṟtam)*, la Terre est perçue comme une totalité vivante et de ce fait vulnérable. Selon la formule dévolue au *dharma*, on peut dire de cette divinité, assimilée à une énergie coagulée, « protégée, elle protège ».

Cidambaram est partout, partout sa danse ;
Comme *Shiva* est tout et omniprésent,
Partout est rendue manifeste la danse gracieuse de *Shiva.*
Ses quintuples danses sont ses cinq activités.
Par sa grâce, Il exécute les cinq actes,
C'est là la danse sacrée *d'Uma-Sahaya* [sa parèdre]
Il danse avec l'Eau, le Feu, le Vent et l'Ether.
Visible pour ceux qui dépassent *Maya* et *Mahamaya* [illusion suprême]
La danse de *Shakti* est toute félicité
Cette union de félicité est le corps d'*Uma*
Forme de *Shakti* apparaissant dans le temps
Et unissant les tous deux est la Danse.
(Cf. Coomaraswamy 117 trad. modifiée).

[27] Le terme *vâstu* signifie site, sol, fondation, habitation (dérive de *VAS vasati* demeurer, habiter). Les *Shilpashâstra* sont des traités d'art et d'architecture, donnant les proportions des édifices religieux, des sculptures, des peintures. Ils portent également le nom de *Vâstushâstra* ou *Vâstuvidyâ.*

Bibliographie sélective

BONER, Alice, Sadasiva RATH SARMA et Bettina BÄUMER *Vâstusûtra Upanishad, The essence of forms in Sacred Art*, Sanskrit text, English translation and notes (1982) Motilal Banarsidass, Delhi, 2000.

COOMARASWAMY, Ananda Kentish *La danse de Shiva : quatorze essais sur l'Inde*, Éditions AWAC, Rennes, 1979.

MONIER-WILLIAMS, Monier *A Sanskrit-English dictionary : etymologically and philologically arranged with special reference to cognate Indo-European languages*, 1899, Clarendon Press, Oxford, 1970.

POGGI, Colette, 'Arunodaya, l'aube intérieure et la re-connaissance du je suis *(aham)* dans le cheminement d'Henri Le Saux-Abhisiktânanda (1910-1973)', *Chemins de Dialogue*, 31, 2010, pp. 59-92.

---. *Prakrti, The Agamic Tradition and the Arts*, ed. Bettina Bäumer, Indira Gandhi National Centre for the Arts and D.K. Printworld, Delhi, 1995.

CHAPITRE 2

TERRES D'OCCIDENT ET D'ORIENT: TOPOLOGIE GEOPOETIQUE DANS *THE WASTE LAND* DE T.S. ELIOT

François ROPERT (Université de Cergy Pontoise)

Introduction : le travail géopoétique

L'enjeu représenté par la Terre dans *The Waste Land* de T.S. Eliot s'affiche dès le titre du poème, mais non sans ambiguïtés. Ambiguïté du mot *land,* qui évoque tour à tour : la terre ferme, une terre arable, une terre cultivée, un terrain, un territoire, un domaine, un pays, un peuple[1]. Ambiguïté de la collocation *waste land,* qui évoque tour à tour : une terre inculte, une friche, une jachère, un terrain vague, un domaine abandonné, une région sinistrée, un dépotoir à ciel ouvert[2]. Ambiguïté du *the* liminaire, dont la valeur démonstrative est troublée par l'instabilité sémantique de la collocation. La Terre s'affiche ainsi comme l'image poétique centrale du *Waste Land*, sans que le titre ne puisse pour autant donner de contours à cette image : image d'une terre morte et vive, d'une terre sans qualité ni propriétaire, d'un domaine en constant devenir, de « quelque

---

[1] Voir les acceptions 1, 2 a, 3, 5 a, 5 b, 6 a, 6 b de *land* dans le *Collins English Dictionary* : 1. *The solid part of the surface of the earth as distinct from seas, lakes, etc.* /2 a. *Ground, especially with reference to its use, quality, etc.* /3. *Rural or agricultural areas as contrasted with urban ones.* /5 a *Any tract of ground capable of being owned as property* (…). /5 b *Any hereditament, tenement, or other interest; realty.* / 6 a *A country, region, or area.* /6 b *The people of a country, etc.*

[2] Voir les acceptions 17, 18, 19, 21, 22 de *waste* dans le *Collins English Dictionary* : 17. *Rejected as useless, unwanted, worthless.* / 18 *Produced in excess of what is required.* / 19 *Not cultivated, inhabited, or productive : waste land.* / 21. *Destroyed, devastated, or ruined.* / 22. *Designed to contain or convey waste products.*

chose qui ne se laisse et ne se laissera pas coder » (Deleuze, cité par White 31)[3].

La représentation de la Terre se trouble donc dès le titre du poème, sous l'effet d'une instabilité sémantique qui inscrit cette représentation au cœur d'un pur mouvement sur lequel la subjectivité n'a que très peu de prise. Le *Waste Land* figure dès lors la nécessité de ne plus penser la Terre comme un objet que le sujet pourrait s'approprier et territorialiser. Le poème figure en revanche les termes d'une autre *épistémè*. Ces termes sont repris dans le constat sur lequel Gilles Deleuze établit la nécessité d'une géo-philosophie dans *Qu'est-ce que la philosophie ?*

> Le sujet et l'objet donnent une mauvaise approximation de la pensée. Penser n'est pas un fil tendu entre un sujet et un objet, ni une révolution de l'un autour de l'autre. Penser se fait plutôt dans le rapport du territoire et de la terre (White 32).

C'est ce rapport problématique du territoire et de la terre que le *Waste Land* figure au travers de repères géopoétiques, éparpillés mais coordonnées par les seuls battements qui les unissent et les désunissent tour à tour. Ces repères captent une tension incessante entre terres d'Occident et d'Orient, sans que le sujet, et notamment le sujet lecteur, ne puisse en infléchir le rythme et les manifestations. Ces repères orientent la lecture du poème au fil d'un périple d'ouest en est, depuis les berges de la Tamise jusqu'aux berges du Gange, des Alpes à l'Himalaya, en passant par plusieurs cités et métropoles : Athènes, Jérusalem, Londres, Vienne, Carthage etc. Bien que fragmenté et déroutant, le poème laisse pourtant ainsi affleurer le tracé d'un continuum topologique qui rapproche les continents, les religions et les cultures, à l'échelle macroscopique de la Terre. Il canaliserait donc un « travail géopoétique », tel qu'il est défini par Kenneth White dans *Le Plateau de l'Albatros* : « Le travail géopoétique viserait à explorer les chemins de ce rapport

---

[3] Gilles Deleuze, *Nietzsche aujourd'hui* (texte réunis du colloque de Cerisy-la-Salle, 1973).

sensible et intelligent à la terre, amenant à la longue, peut-être, une culture au sens fort du mot ». (White 25).

Repères géopoétiques : entre liaison et déliaison

La représentation de la Terre dans le *Waste Land* englobe des territoires éloignés topographiquement, mais réunis sous l'effet du trouble que cet éloignement provoque chez le sujet qui cherche à les distinguer, dans une vision à macroscopique se déployant l'échelle des continents, de Jérusalem à Londres en passant par Athènes, Alexandrie ou Vienne :

> What is the city over the mountains
> Cracks and reforms and bursts in the violet air
> Falling Towers
> Jerusalem Athens Alexandria
> Vienna London
> Unreal (371-76)

L'éloignement est marqué par la barrière des montagnes qui séparent le sujet des tours croulantes qu'il distingue au lointain. Le trouble est accentué par la lumière violette qui nimbe le paysage. Cette lumière crépusculaire, dans laquelle baignent la plupart des paysages naturels et urbains du *Waste Land*, écrase les perspectives, au point de rendre ces paysages interchangeables et donc de les rapprocher. La représentation promeut une forme de fluidité par laquelle plusieurs territoires s'interpénètrent et se confondent, au carrefour de plusieurs continents et cultures. Chaque carrefour est un repère géopoétique, inscrit dans un mouvement sans points d'origine ni d'arrivée, comme suspendu géographiquement entre terres d'Occident et d'Orient. Il peut en résulter pour le sujet un trouble confinant au vertige, dans l'attente, par exemple, d'une chute annoncée : l'éboulement de tours séculaires ou millénaires, ou encore l'effondrement interminable d'un pont au cœur d'une métropole moderne : « London Bridge is falling down falling down falling down » *(426).*

Le mouvement que figurent ces éboulements et ces effondrements, et que rien ne vient ponctuer, devient la matière poétique du *Waste Land*. Cette matière fluide et magmatique se coule dans un continuum d'ordre topologique, dont le mouvement est capté, entre liaison et déliaison, par des repères géopoétiques où se télescopent plusieurs territoires, à l'échelle macroscopique de la Terre. Cette captation peut également être figurée, à l'échelle du sous-continent indien, par l'attente du retour de la pluie à l'inter mousson, quelque part entre les berges du Gange et les sommets de l'Himalaya:

> Ganga was sunken, and the limp leaves
> Waited for rain, while the black clouds
> Gathered far distant, over Himavant. (395-97)

Nous pouvons constater, au travers des exemples précédents, que les repères géopoétiques du *Waste Land* captent un mouvement déterritorialisé et continu. Entre les berges du Gange et les sommets de l'Himalaya, les feuilles languides n'en finissent pas d'attendre le retour des pluies. Entre les deux berges de la Tamise, le Pont de Londres n'en finit pas de s'écrouler. Quant aux tours croulantes que le sujet distingue à peine, l'éloignement géographique, qui les sépare du sujet et qui les sépare entre elles, se double d'un éloignement dans le temps, qui sépare cités antiques et métropoles modernes. Pourtant, le repère géopoétique fait ici se rencontrer géographiquement l'Europe et le Moyen-Orient dans une vision macroscopique, et il superpose historiquement antiquité et modernité dans une vision également atemporelle.

Un repère géopoétique procède donc d'une liaison / déliaison géographique et historique, qui remet en cause toute représentation linéaire et chronologique pour s'inscrire, au cœur du continu, dans un pur mouvement. Cette liaison / déliaison est d'autant plus troublante qu'elle peut aussi procéder d'une mythologisation des lieux les plus prosaïques au contact déroutant de références érudites. Ainsi Tirésias, le prophète aveugle de Thèbes, arpente les rues de Londres, à l'heure violette de la fermeture des bureaux[4]; il y poursuit une jeune

---

[4] « At the violet hour, when the eyes and back / Turn upward from the desk». vers 215-16.

dactylo[5] dont il observe, à travers la fenêtre , les amours furtives avec un employé de bureau[6]. Dans un fondu-enchaîné géopoétique, Tirésias longe ensuite les berges de la Tamise, depuis le cœur de la métropole jusqu'à l'Ile des Chiens (*the Isle of Dogs*), d'où il perçoit le chant des nymphes: « Weialala leaia/Wallala leaialala » *(277-78)*.

Ces nymphes sont les trois Filles de la Tamise, que T.S. Eliot associe aux trois Filles du Rhin[7], à moins qu'il ne s'agisse de prostituées postées aux abords des docks ou de sirènes remontant l'estuaire de la Tamise. Il n'est perceptible du chant de ces nymphes qu'un refrain lancinant. Ce refrain s'impose, par intermittences, au-dessus de la rumeur de la ville : des cloches carillonnent depuis Saint-Magnus Martyr, érigé après le Grand Incendie de Londres[8], alors que les berges de la Tamise renvoient aussi l'écho d'amours clandestines illustres, celles d'Elizabeth et de Lord Robert, lors de fêtes galantes, telles qu'elles sont décrites par V. Froude dans une lettre à Philippe d'Espagne[9]:

> Elizabeth and Leicester
> Beating oars
> The stern was formed
> A gilded shell
> Red and gold
> The brisk swell
> Rippled both shores
> Southwest wind
> Carried down stream
> The peal of bells
> Weialala leia
> Wallala leialala (279-91)

---

[5] « At the violet hour, the evening hour that strives/ Homeward, and brings the sailor home from sea, / The typist home at teatime » (...), vers 220-22.

[6] « I Tiresias, old man with wrinkled dugs / Perceived the scene, and foretold the rest - / I too awaited the expected guest »., vers 228-29.

[7] Note de T.S. Eliot, vers 266.

[8] Note de T.S. Eliot, vers 264.

[9] Note de T.S. Eliot, vers 279.

Au point de fusion : Carthage

Des berges de la Tamise aux berges du Gange, entre terres d'Occident et d'Orient, ces différents repères géopoétiques établissent des allers et retours incessants entre les continents, les époques, les cultures, mais aussi les religions. Ainsi Carthage est-elle une cité païenne de turpitudes et de révélations, sur le chemin spirituel qui conduit Saint Augustin à la conversion :

> To Carthage then I came
> Burning burning burning burning
> O Lord Thou pluckest me out
> O Lord Thou pluckest
> Burning

Carthage figure le point de fusion où toute conversion devient possible, le point de rencontre entre les *Confessions* de Saint Augustin et le *Sermon du Feu* du Bouddha, auquel cette troisième partie du poème doit son titre. Dans ses notes, T.S. Eliot le fait correspondre en importance au *Sermon sur la Montagne*[10]. Et il précise encore au sujet de Saint Augustin et du Bouddha : « The collocation of these two representatives of eastern and western asceticism, as the culmination of this part of the poem, is not an accident ». [11] Cette association n'est certes pas fortuite au regard du travail géopoétique. Elle est figurée par une ville du Moyen-Orient, située à la croisée de plusieurs territoires, en cette troisième partie du *Waste Land,* partie médiane du poème, qui en comprend cinq en tout. Au carrefour de l'Occident et de l'Orient, la ville de Carthage est donc un repère géopoétique clé, en ce qu'il figure le point de fusion entre plusieurs continent et religions occidentales et orientales.

Malgré l'écrasement des perspectives géographiques et historiques, il y a bien dans le poème un avant et un après Carthage, l'ensemble dessinant un périple d'ouest en est, des terres d'Occident aux terres d'Orient. Du reste, dans les deux

---

[10] Note de T.S. Eliot, vers 308

[11] Note de T.S. Eliot, vers 309.

premières parties du poème[12], les toponymes renvoient majoritairement à l'Occident : Londres, Vienne, la Russie, la Lituanie, la région du Léman, un passage par Thèbes, Greenwich, Richmond et Margate. Puis, passé Carthage, le continuum s'abime dans les profondeurs de l'océan, au cours de la quatrième partie[13], avant de rencontrer les plaines et les montagnes du sous-continent indien, la jungle et les berges du Gange, dans la cinquième et dernière partie du poème[14].

Orientation / désorientation

Carthage est donc, d'une part, le point milieu entre terres d'Occident et d'Orient. Ce n'est pas fortuit, car elle est la cité de toutes les conversions. La progression géopoétique du *Waste Land* dessine, d'autre part, une progression d'ouest en est. Pour autant, ce qui compte dans cette progression, c'est bien le mouvement et non la boucle qu'elle pourrait refermer par un retour vers le berceau géographique des cultures indo-européennes. « Il ne s'agit plus tant de s'orienter vers une origine à jamais insaisissable, mais plutôt de se désorienter, au contact de cultures étrangères à la nôtre (…) » (Garnier 17). Entre liaison et déliaison, les repères géopoétiques du *Waste Land* orientent autant qu'ils désorientent. Cette orientation / désorientation ne peut pas dès lors être orientaliste au sens strict :

> [Elle] place le poète dans un double sillage, à la fois dans l'ancien monde, celui des jours finissants de l'épistémè romantique et des expéditions en Orient, et de l'autre côté d'une invisible brisure de symétrie (…) travaillée par une tout autre conception de l'Orient (Garnier 17) [15].

---

[12] « The Burial of the Dead, A Game of Chess »

[13] « Death by Water »

[14] « What the Thunder Said »

[15] Cette citation, comme la précédente, concerne Ezra Pound, mais elle s'inscrit dans un développement qui associe Ezra Pound et T.S. Eliot.

Carthage représente, de façon emblématique, cette « brisure de symétrie », au point même de fusion des cultures et des religions d'Occident et d'Orient. Le brasier inextinguible auquel la cité est associée figure toute la complexité d'une progression vers l'est qui est déterritorialisée, sans points d'origine, ni de départ, ni donc de retour : « burning, burning, burning, burning ».

Les quatre participes présents se répètent, au-delà d'un troisième terme qui résoudrait l'opposition dialectique entre un avant et un après Carthage, à la faveur d'un retour orientaliste aux origines de la civilisation. « Au tropisme ternaire (...), à la fascination des limites et des seuils d'arrivée, Eliot substitue un schéma quaternaire (...) (Garnier 23).

Le *Waste Land* est ainsi régi par une « crise de l'opposition alternative » (Garnier 23)[16], sans que cette crise ne puisse être résolue par un troisième terme, un quatrième terme venant toujours lui succéder. Cette crise est « inscrite dans une atmosphère de mort et de renaissance » (*ibid)*. Elle est figurée par un continuum, un battement entre deux vies, à l'image de Tirésias « throbbing between two lives » (vers 218). Ce continuum d'ordre topologique exclut, chemin faisant, tout point de départ, d'arrivée ou de retour.

> April is the cruellest month, breeding
> Lilacs out of the dead land, mixing
> Memory and desire, stirring
> Dull roots with spring rain. (vers 1-4)

C'est ici le continuum qui compte, comme en atteste, de nouveau, la répétition de participes présents : « breeding, mixing, stirring ». Cette répétition témoigne de différences infimes qui permettent notamment le mélange des souvenirs et du désir. La répétition n'est donc pas cyclique. Elle s'inscrit dans une forme déterritorialisée d'instabilité symbolique. Le mois d'avril ne marque pas une renaissance de la nature ; il est le plus cruel des mois. Le processus ainsi figuré désoriente le

[16] Jacques Derrida, *Dissémination*, 316, cité par Garnier.

cycle des saisons, comme celui de tout retour à un point originel.

Géotropisme(s)

Les sciences naturelles peuvent cependant offrir une modélisation de « la crise de l'opposition alternative » telle qu'elle se manifeste dans le *Waste Land.* Il s'agit de la notion de géotropisme, qui désigne la réaction d'un organisme en fonction de la gravité terrestre. On distingue d'une part le géotropisme positif, qui renvoie au développement d'une plante vers le bas, dans le sens de la gravité et par besoin de solidité. D'autre part, il existe un géotropisme négatif, ou héliotropisme, c'est-à-dire le développement d'une plante dans le sens contraire à la gravité et par besoin d'un maximum de lumière. Le processus organique figuré par l'image d'un cadavre enseveli au fond d'un jardin suburbain[17], mais promis à une renaissance végétale aérobie, est par exemple géotropique :

> That corpse you planted last year in your garden
> Has it begun to sprout? Will it bloom this year?
> Or has the sudden frost disturbed its bed?
> O keep the Dog far hence, that's friend to me,
> Or with his nails he'll dig - it - up again! (71-75)

Le processus reste toutefois suspendu, car soumis à toutes sortes d'aléas : le gel ou le passage d'un chien, une hypothèse autorisée par référence littéraire interposée[18]. La boucle d'une renaissance ne sera pas refermée, le poème captant en revanche un processus déterritorialisé, difficilement analysable, en-deçà de la perspective d'une croissance accomplie, d'un progrès vers le soleil.

Dans le *Waste Land*, cette tension entre géotropismes négatif et positif peut donc s'exercer entre les étapes d'un processus organique suspendu. Mais elle peut également s'exercer, toujours au cœur du continu, entre les étapes d'un délitement

---

[17] Note de T.S. Eliot, vers 74.

[18] *Ibid.* T.S. Eliot cite *The White Devil* de Webster en référence.

ramenant toute chose à la poussière. Cette tension géotropique est alors bien souvent figurée, nous l'avons vu, par des édifices qui s'effondrent : *« London Bridge is falling down falling down falling down ».*Pareillement, une chapelle, érigée à flanc de montagne et entourée de tombes culbutées, se délite sous l'action du vent:

> In this decayed hole among the mountains
> In the faint moonlight, the grass is singing
> Over the tumbled graves, about the chapel
> There is the empty chapel, only the wind's home. (385-88)

Le repère géopoétique n'est plus strictement topologique, mais il est aussi anthropologique : une chapelle que les hommes ont érigée à flanc de montagne. Ces montagnes seront identifiées, quelques vers plus tard, comme l'Himalaya[19], et pourtant ce n'est pas un temple ou un monastère bouddhiste qui est désigné, mais une chapelle et, sous l'effet déterritorialisant d'une instabilité sémantique, on entendra sûrement aussi une chapelle chrétienne.

Entre terres d'Occident et d'Orient, la représentation laisse affleurer un autre carrefour qui brouille les démarcations géographiques, historiques et religieuses. Pourtant, si ce paysage fait unité, c'est dans le mouvement et du fait de la rencontre de plusieurs forces géotropiques : un géotropisme négatif naturel, figuré par le sommet de montagnes jeunes où la végétation s'accroche, un géotropisme négatif, d'ordre anthropologique, figuré par une chapelle érigée à flanc de montagne, et enfin un géotropisme positif qui ramène les constructions humaines à la terre et à la poussière d'un champ de ruines.

Le cœur du continu est donc figuré au point de rencontre de ces forces géotropiques dont l'interaction défie l'entendement. Pour employer une métaphore végétale deleuzienne, la représentation se structure dès lors en rhizome (Deleuze et Guattari 3-25). Elle ne consiste plus en « un fil tendu entre un

---

[19] « Gathered far distant, over Himavant » (vers 397)

sujet et un objet, ni une révolution de l'un autour de l'autre »[20]. Elle n'est ni linéaire, ni chronologique, ni même cyclique. De même dans cet autre vers célèbre du *Waste Land* : « I will show you fear in a handful of dust ». (vers 30). Si l'image d'origine biblique de la poussière retournant à la poussière suscite l'effroi, c'est que cette image figure l'enjeu effroyable de forces géotropiques dont la subjectivité ne perçoit que des fragments.

De la métaphysique à la géographie

Les gravats du monde, figurés dans le poème par tant d'édifices qui s'écroulent, ce sont en effet ceux de la subjectivité. Or la voix impersonnelle que l'on entend dans le *Waste Land* ne fait aucune concession à la subjectivité et au lyrisme mystique auquel elle peut donner lieu:

> What are the roots that clutch, what branches grow
> Out of this stony rubbish? Son of man,
> You cannot say, or guess, for you know only
> A heap of broken images, where the sun beats. (19-22)

Des racines qui s'agrippent au sol, des branches qui croissent parmi des débris rocailleux: cet extrait figure la rencontre de forces géotropiques opposées, une rencontre dont le fils de l'homme ne peut saisir qu'un amas d'images brisées sur lequel frappe le soleil. La référence christique au fils de l'homme fait affleurer les fragments d'une image mystique, où se profilent les branches d'une croix amarrée à un tertre rocailleux. Mais, dans cet amas d'images brisées, le repère géopoétique est aussi suscité par l'homophonie entre *son* (le fils) et *sun* (le soleil) - un jeu de mots qui nous renvoie à Hamlet déclarant à Claudius : « Not so my lord ; I am too much in the sun ». La localisation vacille dans un fondu-enchainé géopoétique qui associe le Golgotha et le palais d'Elsinore au sein d'un même continuum topologique qui embarque le sujet (et notamment le sujet-lecteur) au cœur du continu.

[20] Voir note 4.

Le sujet du *Waste Land* ne peut alors se saisir que de masques pour exister un instant : le masque christique du fils de l'homme, le masque d'un personnage shakespearien, ou encore saisir le rictus de visages grimaçants aux portes de maisons de boue craquelée, dans un village du Tibet[21]:

> There is not even solitude in the mountains
> But red sullen faces sneer and snarl
> From doors of mudcracked houses (343-45)

Au cœur du continu, de Palestine en Asie centrale, il n'y a pas même de solitude dans les montagnes : la solitude du sujet - resserré autour d'un « je » lyrique, ou même d'un *cogito* qui ferait table rase de ce que la conscience ne peut se représenter - est saisie dans le rictus de visages grimaçants. La subjectivité ne peut résister aux forces géotropiques qui ramènent le sujet à la poussière et réduisent ses constructions architecturales et intellectuelles à un amoncellement de boue qui se craquèle au soleil.

Amoncellement de boue qui se craquèle au soleil, amas d'images brisées sur lequel le soleil darde ses rayons : le géotropisme du *Waste Land* marque l'incapacité du sujet à s'extraire du continu par une recherche mystique de la lumière, une aspiration à la transcendance d'un troisième terme qui l'arracherait à « la crise de l'opposition alternative ». Le poème saisit donc, encore et toujours, le point critique où cette recherche mystique s'effondre sous le battement des rayons du soleil. Ces rayons frappent le terrain vague et éblouissent au point d'écraser toute perspective, engloutie dans les ténèbres blanches d'un amas d'images brisées. La Terre est bien alors l'image centrale mais déterritorialisée du *Waste Land*, figurant à elle seule « la géographie d'un nouvel esprit » :

> On pourrait dire, globalement, qu'à travers le démantèlement de la métaphysique on va de l'histoire de la métaphysique à la géographie d'un nouvel esprit, d'un nouvel espace physique et poétique, mais non sans difficultés (White 31).

---

[21] Note de T.S. Eliot, vers 344-45.

Ténèbres blanches, lumière violette, utopie noire

Entre terres d'Occident et d'Orient, d'un repère géopoétique à l'autre, au creux même de chacun de ces repères, le *Waste Land* cartographie le tracé d'un continuum topologique à l'échelle macroscopique de la Terre. Chemin faisant, le poème figure « la géographie d'un nouvel esprit », issue du « démantèlement de la métaphysique ». La Terre du *Waste Land* devient dès lors un domaine déterritorialisé et en constant devenir, un territoire utopique représenté « dans ce rapport sensible et intelligent à la terre, amenant à la longue, peut-être, une culture au sens fort du mot »[22]. Coupé de toute transcendance métaphysique, ce rapport s'établit en revanche dans « un rapport (immanent) du territoire et de la terre »[23]. Il n'est pas solaire mais géotropique. Il caractérise une utopie noire, fondée sur un amas d'images brisées,

> En 1623, Tommaso Campanella publiait la Cité du Soleil, texte utopique rédigé en prison. En 1922, c'est le Waste Land, autre utopie, qui lui fait place : utopie noire, « a heap of broken images where the sun beats ». Solaire s'il l'on veut, mais cette fois un battement s'est introduit, une cassure (Garnier 17).

C'est ce battement utopique qui reconfigure le temps et l'espace du *Waste Land*, non plus représentés de façon linéaire, chronologique ou même cyclique, mais figurés au sein d'un continuum topologique inédit. Le géotropisme de ce continuum déconstruit le modèle d'une utopie solaire. Il ramène les constructions humaines, issues d'une subjectivité exacerbée, à la poussière d'un champ de ruines, d'un dépotoir à ciel ouvert. Pourtant, le *Waste Land* n'en est pas moins un territoire utopique, écrasé sous un halo de ténèbres blanches, ou qui se projette « sur un (pan de) mur noirci » baignant dans une lumière violette:

> And bats with baby faces in the violet light
> Whistled, and beat their wings

[22] Voir note 5.

[23] Voir note 4.

And crawled head downward down a blackened wall
And upside down in air were towers
Tolling reminiscent bells, that kept the hours
And voices singing out of empty cisterns and exhausted wells. (379-384)

La dialectique géotropique est figurée par le vol de chauves-souris rampant la tête en bas, par ces tours, clochers renversées dans le ciel, par ces cloches réminiscentes, par ces voix s'élevant de citernes vides et de puits taris. La dialectique ne sera pas résolue par une *Aufhebung* solaire, dont l'éclat s'estompe déjà dans une lumière violette. Pourtant le rythme demeure dans le battement d'aile des chauves-souris, le renversement de tours ou de clochers ne pointant plus vers le ciel, le rythme des cloches, ou encore le timbre d'une voix. Et c'est ainsi que le *Waste Land* figure un continuum, perceptible dans les intermittences de ce battement, de ce renversement, de ce rythme, de ce timbre. Ces intermittences constituent autant de repères géopoétiques qui se glissent dans un continuum. Ce continuum s'ouvre sur un nouvel imaginaire utopique, où les démarcations sont écrasées dans un halo de ténèbres blanches, ou sous la lumière violette d'un rayon de lune. Cet imaginaire parvient alors à capter les battements de représentations qui se morcèlent, en faisant de toute fin un nouveau milieu.

Conclusion : de l'acte poétique à l'acte critique

Les derniers mots du *Waste Land* ne sauraient rompre ce continuum topologique entre les continents, les cultures, les religions, les langues modernes et anciennes, les littératures et les cultures d'Occident et d'Orient. Après une citation du *Purgatorio* de Dante, la fin du poème s'ouvre sur ces vers où l'on reconnaîtra un vers de Nerval, une citation de la *Spanish Tragedy* de Kyd et la fin rituelle d'une Upanishad:

Poi s'ascose nel foco che gli affina
Quando fiam uti chelidon - O swallow swallow
Le Prince d'Aquitaine à la tour abolie
These fragments I have shored against my ruins
Why then Ile fit you. Hieronymo's mad againe.

Datta. Dayadhwam. Damyata.
Shantih shantih shantih (427-33)

L'engloutissement figuré par *swallow swallow* glisse vers l'image géopoétique des migrations incessantes de l'hirondelle, auxquelles répondent peut-être les accès de folie de Hieronymo. Par ce glissement du signifié (d'une citation à l'autre, d'une image à l'autre, d'une langue à l'autre), tous ces fragments s'inscrivent dans un continuum qui affleure, par intermittences, et dont la tour abolie du Prince d'Aquitaine constitue ici le repère géopoétique principal.

Or c'est précisément dans ces fragments que le sujet peut trouver le ressort utopique d'une existence apaisée. Pour autant, au rythme ternaire de la citation finale : *Shantih shantih shantih* - tirée des *Upanishads* et semblant soustraire le sujet d'une dialectique géotropique- s'ajoute un quatrième terme, T.S .Eliot assortissant cette citation en sanskrit d'une note critique : Repeated as here, a formal ending to an Upanishad. « The peace which passeth understanding » is our equivalent to this word.[24]

Dans le glissement d'une langue à l'autre, d'une interprétation à l'autre, d'une traduction à l'autre, il n'est pas à attendre une *Aufhebung* résultant d'un effort de la conscience, de la raison, ou d'un effort d'érudition. En revanche, c'est ainsi que le sujet est embarqué au cœur du continu, et qu'il se résigne à chercher l'apaisement dans un ailleurs utopique, empruntant pour cela les chemins du don, de la compassion et de la maîtrise : « Datta. Dayadhwam. Damyata ».[25] L'acte poétique glisse, chemin faisant, vers l'acte critique, qui fait de la fin du poème un nouveau milieu, un autre battement utopique entre terres, cultures et religions d'Occident et d'Orient.

---

[24] Note de T.S. Eliot, vers 433.

[25] « Datta, dayadhvam, damyata' (Give sympathise, control). The fable of the meaning of the Thunder is found in the Brihadaranyaka Upanishad, 5, 1. A translation is found Deussen's Sechzig Upanishads des Vesda, p. 489 » (Note de T.S. Eliot, vers 401)

Bibliographie sélective

DELEUZE, Gilles et GUATTARI, Félix. *Mille Plateaux*. Editions de Minuit, Paris:1989.

ELIOT, T.S. *The Complete Poems and Plays*. Harcourt, Brace and World, New York, 1971.

---. *Collected Poems 1909-1962.*: Faber, Londres, 1963.

GARNIER, Marie-Dominique. 'Eliotropes : temps, tropismes, tournants de siècle', *Etudes anglaises*, Tome 54, 2001, p. 16-25.

LEYRIS, Pierre (éd. et trad.). *T.S. Eliot. Poésie.* Seuil, Paris, 1947-69.

WHITE, Kenneth. *Le Plateau de l'Albatros*. Grasset, Paris, 1994.

CHAPITRE 3

LA FEMINISATION DE L'INDE, TERRE-FEMME, TERRE-MERE : LA *BHARAT MATA*

Dhana UNDERWOOD (Université de Liverpool)

La féminisation de la terre n'est pas unique à l'Inde puisque celle-ci partage avec d'autres pays la philosophie et la mythologie d'une terre dotée d'une substance et de valeurs féminines. Une deuxième strate superposée à cette croyance est celle de la philosophie hindouiste qui situe la terre comme la manifestation de l'énergie et de la substance divines, le *shakti,* ceci concrétisé par et dans la dissémination des multiples avatars de la déesse principale, *Devi*, dans tous les recoins du pays. La terre indienne est connue aussi sous l'appellation *Bhârat Mata*, *Mother India* (l'Inde Mère). A cet égard, vénérer la femme comme métaphore de cette terre devient rite propitiatoire qui, en conséquence, offre la possibilité d'une protection continue et d'un maternage sécurisant. Cet aspect est illustré au début du XXe siècle par des auteurs tels que Rabindranath Tagore dans son œuvre, *Gora*; l'un des personnages féminins, Ananda Moyi est considéré comme représentant la terre Inde. Comme le déclare le personnage, Gora, «Mother, you are my mother...The mother, whom I have been wandering about, in search of, was all the time sitting in my room at home. You have no caste, you make no distinctions, and have no hatred....you are only the image of our welfare. It is you who are India ». (Tagore 218).

Etant donné que les travaux quotidiens de la terre sont considérés comme la manifestation de l'énergie divine, gérer cette terre, la protéger contre l'invasion, contre la désacralisation, se concrétisent par la bonne gestion de l'image féminine. Ceci est très évident pendant l'époque coloniale britannique au début et à la fin du XIXe siècle respectivement, où la femme est appelée à garantir les valeurs associées à la terre indienne. Mais de nos jours, en raison de tous les développements économiques et techniques de l'Inde moderne, la terre et ses avatars ont laissé la place à d'autres préoccupations et la femme s'est émancipée dans une large mesure des rôles et des contraintes de ces stéréotypes.

Cette étude s'attarde ainsi sur la féminisation de la terre indienne à travers des échantillons représentatifs des périodes pré-indépendance et post indépendance. Nous allons nous servir de quelques œuvres, en particulier, celle de Bankim Chandra Chattopadhyay (Chatterjee) *Anandamath* (*The Abbey of Bliss*) publiée en 1882, le film de Mehboob Khan, *Mother India* en 1957, Bapsi Sidwa, *Cracking India* (1992) aussi connue comme *Ice-Candy Man* (1988), Shauna Baldwin Singh, *What The Body Remembers* (1999) et d'Arundhati Roy, *The God of Small Things* (1997). Nous voudrions démontrer que l'iconographie et toute la rhétorique qui concernent la terre indienne et son développement en tant que nation-terre-mère ont longtemps été étroitement liées à la femme, et, par opposition, que les auteurs de la nouvelle génération se distancent de ce symbolisme restrictif. Il convient de préciser que notre interprétation de la terre en ce qui concerne cet article est limitée à un trope spécifique, notamment, celui de la féminisation et de la déification de cette terre et de sa représentation comme nation. Nous nous arrêtons principalement à son symbolisme féminin et aux discours liés à cette idéologie.

Dans un premier temps, il faut se rappeler que la grande péninsule indienne a été l'arène de diverses invasions. Dans cette optique, nous voudrions donner un bref historique des intrusions et des colonisations qui ont menacé la terre indienne et montrer à quel point la protection de l'image féminine devint impérative. En tant que métaphore de l'Inde-mère, il fallait à tout prix protéger cette image. Dans un deuxième temps, au regard de l'historicité de l'Inde, la notion d'une unité sociale pour contrecarrer l'impérialisme britannique commence graduellement à voir le jour à la fin du XIXe siècle après la mutinerie de 1857[1] et se concrétise au début du XXe siècle.

---

[1] La révolte des Cipayes déclencha en 1857 suite au refus des soldats de se servir des cartouches enduites de graisse de porc et de bœuf. Cette mutinerie

Avec le mouvement nationaliste indien, se consolide la philosophie émergente de la *Bhârat Mata*, la terre mère, la terre féminine. Le sort de l'Inde comme nation émergente devient encore plus lié à la femme.

La nation et la femme

Le sous-continent indien a toujours été une terre convoitée et a subi plusieurs invasions. En effet, celle des Moghols au XVIe siècle est l'une des intrusions qui a apporté le plus de changements et de différences culturelles. En conséquence, les femmes hindoues, principalement celles des classes supérieures qui jouissaient d'un certain degré d'indépendance avant l'arrivée de Babar réagirent en défendant les valeurs primitives associées à la terre en imitant les déesses Parvati et Sita. En 1644, l'Inde se voit colonisée cette fois-ci par une puissance européenne. Grâce à l'initiative de Colbert les colonisateurs français établirent rapidement cinq comptoirs. Toujours aux aguets, le grand géant britannique décida de s'opposer aux Français et parvint à les supplanter afin d'accaparer le sous-continent. Avec la longue période impérialiste britannique (1715-1947), la terre Inde est le théâtre de grands changements malgré les promesses des Britanniques de ne pas s'ingérer dans les traditions. En réaction l'image de la terre-nation se voit de plus en plus féminisée.

A la fin du XIXe siècle se concrétise graduellement l'idée de nation. Cette construction d'une unité nationale se voit investie de valeurs féminines et divines, plutôt hindoues et surtout associées à la notion de la mère, la *Bhârat Mata*. Le terme nation lui-même qui vient (du latin *natio* : naissance) est très complexe et ainsi suscite bien des controverses. Comme le soutient H. Bhabha, « nationalist discourses [...] persistently produce the idea of the nation as a continuous narrative of national progress »[2] (Bhabha 1). Mais en même temps, l'origine

qui causa de graves batailles entre les Britanniques et les Indiens est considérée symboliquement comme la première lutte vers l'indépendance.

[2] 'Les discours nationaux persistent à produire l'idée de la nation en tant que récit continu de progrès nationaux'.

de la nation est aussi perçue comme une force symbolique qui surgit à un moment clé de l'histoire, motivée par des mouvements culturels et religieux. Ceci crée une certaine ambiguïté et cet aspect est très évident pendant l'émergence de la nation en Inde; le mouvement indépendantiste se veut laïc et politique. Mais surgit un glissement du laïc vers le religieux malgré la politique d'une nation qui veut incorporer toutes les religions et tous les groupes. Tout cet enjeu identitaire fortement féminisé et sacralisé met en perspective la complexité et toute l'ambiguïté du terme nation en Inde. Notons que même l'hymne national le *Vande Mataram*, '*I bow to thee Mother*' promet l'obéissance à la mère[3] (Chattopadyay 27). Nous ne voudrions pas naviguer sur tous les concepts du terme nation mais ce que nous voudrons souligner c'est que le territoire indien investit très clairement le terme de la terre-nation de valeurs féminines et divines. Comme le maintient, Partha Chatterjee :

> It [era of Nationalism] served to emphasize with all the force of mythological inspiration what had in any case become a dominant characteristic of femininity, in the new construct of « woman » standing as a sign for « nation », namely the spiritual qualities of self-sacrifice, benevolence, devotion, religiosity and so on. (Chatterjee 131).

Etant donné la nature patriarcale de la société indienne, il n'est pas surprenant que la femme indienne devienne associée au discours de la terre nation.

La récupération de la terre indienne à travers l'image maternelle et vertueuse de la femme

La primauté de la terre indienne avant les colonisations et l'image d'une terre non souillée par les ingérences étrangères, deviennent une considération importante à la fin du XIXe siècle. Dans le but de préserver la culture indienne, les mouvements

---

[3] *Vande Mātaram* "*I bow to thee, Mother*" est un hymne à la déesse Durga, la personnification de l'Inde.

nationalistes indiens s'acharnent à définir plus étroitement le rôle et l'image de la femme dans la société indienne. Comme le soutient John Hinnels, « here a curious development took place in the image of the Mother : the interpretation of the national movement as the *Shakti* of God, and at the same time the interpretation of [...] India as tangible forms of the Divine Mother» (Hinnels et Sharpe 117). Nous observons une tendance spécifique et complexe dans laquelle, en réplique aux critiques acerbes des colonisateurs du statut subalterne des femmes, victimes de la société patriarcale, les responsables du mouvement nationalistes choisissent de se référer à l'Inde védique où les femmes jouissaient d'un statut d'égalité, citant les personnages védiques et iconiques tels que Gargi et Maitreyi[4] entre autres, pour souligner l'énergie, la vertu et la puissance féminine, ainsi déconstruisant le mythe d'une terre barbare.[5] Ces représentations veulent recouvrer la grandeur de la terre védique, de cette terre-mère-nation et se désinvestir de la puissance étrangère. Ceci est illustré dans l'œuvre politique, *Anandamath* qui se situe à l'époque de la famine du Bengale, et de la révolte des *Sanyasi* (ascètes hindous) contre les Anglais. Un groupe de *Santans* (*children of the mother*), 'les enfants de la mère', se dédie à libérer la *Bhârat Mata* des envahisseurs. La terre assume pleinement dans ce roman un symbole féminin et maternel.

> We recognize no other mothe. The Motherland is our only mother. Our Motherland is higher than heaven. Mother India is our mother. We have no other mother. We have no father, no brother, no sister,

[4]Gargi et Maitreyi sont des femmes hindoues de l'époque védique ou upanishadique, connues par leur discernement, leur habileté à discuter avec les rishis (sages) sur les Vedas, textes sacrés brahmaniques. On cite comment Gargi a pu défier le grand érudit, Yajnavalkya dans une discussion sur Brahman.

[5] Les colonisations européennes ont justifié leur ingérence dans la politique du sous-continent indien en s'appuyant particulièrement sur l'idée que l'Inde est une terre barbare puisqu'elle permet des traditions 'cruelles' telles que le Sati (immolation de la veuve sur le bûcher funéraire), le mariage des enfants et le traitement inhumain des veuves.

no wife, no children, no home, no hearth — all we have is the Mother. (Chattopadyay 38)

Ailleurs, les femmes occupent une place très importante dans cette lutte. Kalyani, une ménagère vertueuse est sauvée par un prêtre luttant contre les envahisseurs britanniques alors que le protagoniste, Shanti, se déguise en ascète masculin (Sanyasi) pour combattre pour la libération de la terre indienne. Shanti devient le prototype de la féminité nécessaire pour sauver une nation en danger. (Ray 53). Cette même idée est aussi réitérée par Shuheila Nasta. «in the iconographies of nationalisms, images of mothers have conventionally invited symbols [...] such as mother tongue, mother country» (Ray 139).

Lorsque, après divers dangers, Kalyani est réunie avec son époux, Mahendra, le couple apprend à connaître les trois visages divins de la terre *Bhârat Mata*, celui qu'elle a été dans le passé, sous la forme de la déesse, *Jagaddhatri*, ce qu'elle est aujourd'hui en étant la déesse *Kali*, et ce qu'elle deviendrait sous la forme de la déesse, *Durga*.[6]Comme le maintient le chef du groupe des insurgés, Satya, les hommes rendent hommage à la terre Inde, losqu'ils l'appellent mère : « when all the children of the Motherland shall call her Mother in all sincerity" (Chattopadhyay 43). Cette œuvre occupe une place très pertinente dans la lutte contre les envahisseurs ».

Nous sommes conscients qu'à l'époque où le parti nationaliste se mobilise pour la libération de l'Inde du joug impérialiste, s'opère ainsi une plus grande féminisation et une déification de la terre indienne. L'Inde est pensée en des termes plus maternels. Il n'est pas surprenant que l'iconographie touchant à la *Bhârat Mata* commence à circuler plus librement et à captiver l'imaginaire indien. Sauvegarder cette terre

[6]Ces trois déesses sont les manifestations, de la déesse-mère Devi, symbole de l'unité de la force divine. Jagaddhatri signifie 'protecteur du monde' et est dépeinte comme ayant la couleur du soleil avec quatre bras et comme ayant beaucoup de pouvoir. Le mot Durga signifie invincible, combattante. D'après la mythologie hindoue, cette déesse se manifeste lorsque le mal menace de détruire le pays. Kali, 'la noire' est la représentation féroce de la déesse-mère., elle est la force à la fois destructrice et créatrice de l'hindouisme.

associée aux vertus des déesses hindoues et le maternage sécurisant qu'elle symbolise s'inscrit dans l'idéologie impérative du mouvement nationaliste.

A cet égard, le corps féminin devient cet espace terrien à travers lequel se jouent en partie les enjeux du nationalisme naissant. Un bon exemple est la réaction à l'œuvre de Katherine Mayo, *Mother India* (1927). Cette œuvre qui s'inscrit comme une étude anthropologique et sociale de la terre-nation indienne essaie de déconstruire la validité de la quête nationaliste de l'indépendance, en démontrant que loin de glorifier la femme comme mère et métonymie de la terre, l'Inde instrumentalise la femme, en fait un objet sexuel et voué à la maternité. En réponse à cette attaque contre la culture, la société et la religion, Mehboob Khan écrit le script et produit le film du même nom, *Mother India* en 1957 dans le but de concrétiser l'étroite association et la contribution de la femme à la terre-nation tout d'abord comme mère, femme, mais aussi comme représentation divine. Ce film fait figurer Radha, l'héroïne courageuse et vertueuse qui ne succombe pas à l'usurier, Sukhilala, mais qui continue à cultiver la terre et à œuvrer pour le bienfait du village et par extension la nation indienne en dépit de sérieux obstacles. En tant que le symbole métonymique de la nation indienne après l'indépendance, elle montre que la terre indienne peut survivre malgré les injustices. Cette philosophie rejoint étroitement celle de Gandhi qui avait encouragé la femme à participer à la lutte contre l'asservissement de la *Bhârat Mata* et pour sa libération de l'hégémonie britannique.

Le démembrement de la terre

L'image de la terre comme un corps-être féminin, où se jouent les atrocités de la partition est clairement exploitée dans plusieurs œuvres. Tout d'abord, nous pensons au roman de Bapsi Sidwa, *Cracking India*, aussi connu comme *Ice-Candy Man* qui transmet l'image de la femme comme métonymie de l'Inde. Le roman, au titre évocateur, d'une terre qui fait l'expérience de fractures, décrit avec acuité toute l'horreur de cette terre tiraillée entre les différents groupes musulmans et hindous dans leur quête d'un héritage différent. La déconstruction de l'unité des différents groupes dans la cité de Lahore est observée et racontée à travers la vision d'une petite fille Parsi handicapée, Lenny, ayant pour *ayah*, une hindoue. Dans tous les détails des crimes perpétrés envers les femmes hindoues et musulmanes, les corps mutilés, les poitrines coupées, tout indique symboliquement la violation de la terre indienne. (Notons que Deepa Mehta tourna un film en 1998, au titre pertinent et annonciateur, *1947 : Earth*, basé sur le roman de Sidhwa). Ce film fait partie d'une trilogie, Fire (1995) et après Water (2005). [7]

L'image iconique de la femme comme figure de l'Inde est exploitée dans le roman et dans le film afin de souligner que le corps mutilé de la femme est la métaphore de la terre Inde violentée. Face aux horreurs perpétrées au nom de la partition, Lenny se pose des questions pertinentes, « India is going to be broken. Can one break a country ? »(101). Quand elle voit un train arriver avec des corps mutilés et « two gunny bags full of women's breasts » (159), elle réalise que déjà, la terre Inde est en train de subir un déchirement absurde et cruel. De surcroît, l'image fortement évocatrice de la désexualisation de la femme vise à déconstruire le symbole de la terre indienne comme la *Bhârat Mata* : l'horreur des seins coupés traduit psychiquement l'image d'une mère déféminisée et dénaturée qui ne pourrait plus nourrir ses enfants.

Quand la terre est violentée et fragmentée, elle ne peut offrir un maternage sécurisant à l'exemple de la femme stérile qui est aussi dévalorisée quand elle ne peut être *Mata* (mère). Shauna Singh Baldwin exploite cet aspect de la stérilité féminine et s'attarde aussi sur le clivage de l'Inde à la fin des années 30 pour ancrer son roman, *What The Body Remembers* (1999).

---

[7]Ces trois films canadiens de Deepa Mehta, *Earth, Fire, Water* forment la trilogie intitulée '*Elements*',. Ces films qui traitent des éléments fondamentaux de la nature sont aussi métaphores de la culture et traditions indiennes à l'époque postcoloniale. Ces films qui ont reçu beaucoup d'éloges de certains critiques en Europe ont aussi causé des controverses en Inde. Certains critiques en Inde ont été très hostiles et ont accusé la réalisatrice de donner une représentation fausse et négative de la réalité. Toute la musique fut composée par A. R. Rahman.

Dans cette Inde qui va subir une division violente, se déploient des drames personnels. A l'échelle personnelle, Satya, la femme de Sardarji, un riche propriétaire sikh, le voit prendre une nouvelle et très jeune épouse, Roop, parce qu'elle ne peut lui donner un enfant. En parallèle à la mémoire de son corps broyé par la déchirure de la stérilité, elle témoigne des violences et des sacrifices sanglants causés par une parturition forcée. Lorsque le massacre s'approche du Pendjab, la terre mère violentée se cristallise dans l'image des femmes sikhes tuées afin de ne pas être violées par les musulmans. Tout comme la *Bhârat Mata* qui s'est laissée disséquer et remembrer par la politique arbitraire de la partition, le corps de la femme est également démembré non seulement par la patriarchie mais aussi par l'ennemi.

La belle-sœur de Roop, Kusum «lay beneath, each limb severed at the joint. That body was sliced in six parts, then arranged to look as if it was whole again» (510). Tout d'abord tuée et démembrée par le beau-père, Papaji, l'outrage pervers et désacralisant de Kusum continue ; de surcroît, son utérus a été arraché à son corps par les musulmans. Le message est clair, tout comme « Kusum's womb [was] ripped out » (513), et en dépit du semblant de complétude des morceaux du corps rassemblés, la *Bhârat Mata* ne peut s'imposer à la psyché collective en tant que mère protectrice puisqu'elle n'est plus capable d'enfanter une aire de paix et de sécurité pour ses enfants. Elle n'est qu'un faux semblant d'unité et de cohésion.

Cette dislocation se voit bien représentée à l'époque de la partition. Des cartes de l'Inde, de cette période, dessinées sous forme féminine où de déesse concrétisent la perception de l'Inde comme *Bhârat Mata*. Cette image chargée d'émotion, qui revient comme un leitmotiv dans la rhétorique nationaliste, est exploitée à des fins politiques pour démontrer la désacralisation que constitue la partition. Le journal *Organiser* a ainsi publié en août 1947 une carte de l'Inde, figurant une femme dont le bras droit – représentant le Pakistan – a été tranché, tandis que se penche sur elle Jawaharlal Nehru, une arme sanglante dans la main (Butalia 9).

Le refus de la femme de symboliser la terre indienne, revendication d'une identité intrinsèque

Nous avons vu que la féminisation de la terre est un thème privilégié par des écrivains du XIXe et de la première moitié du XXe siècle, ou encore par ceux qui situent leurs œuvres dans ces périodes. Or, dans la deuxième moitié du XXe siècle, surgit une littérature surtout dans les années 70 et 80, qui récuse cette pesante association allégorique de la terre à la femme. Outre les contraintes et les restrictions inscrites dans cette allégorie, les auteurs tels que Shashi Deshpande et Anita Desai démontrent l'asservissement auquel les protagonistes féminins doivent se soumettre pour répondre à l'idéologie de cette terre-nation. Les auteurs démontrent que pour continuer à propager l'image iconographique d'une terre vertueuse, la femme est appelée à souscrire aux traditions patriarcales. Ces auteurs rejettent l'image de la femme comme représentation de la terre indienne, avec toutes ses significations sous-jacentes, pour mettre en avant ses désirs d'émancipation et d'indépendance, bridés par une société patriarcale.

Le roman, *That Long Silence* (1989) de Shashi Deshpande, nous invite à poursuivre les tribulations de Jaya, une ménagère et écrivaine qui est forcée de quitter la maison familiale pour vivre avec son mari dans un petit appartement. Cette situation l'encourage à réfléchir sur sa vie, à revivre le passé et à retrouver son identité. Alors que dans *The Binding Vine* (1992), l'auteur aborde un sujet tabou, le viol et qu'elle déconstruit l'idée générale et patriarcale que la responsabilité incombe à la femme qui ne respecte pas le code de l'habillement traditionnel. Anita Desai dans *Fasting Feasting* (1999) explore les rapports familiaux et l'univers angoissant, aliénant et cruel dans lequel vit la femme. Cette écriture engagée, au service de la condition féminine, refuse de s'appesantir sur les images stéréotypées.

Revendication d'une identité complètement divorcée du mythe du rapport métonymique, femme, terre, mère et nation, qui prendra une ampleur croissante dans littérature à partir ce de moment. *The God of Small Things* d'Arundhati Roy (1997) est un exemple fameux de ce contre-discours. Pour cette activiste renommée, les problèmes liés à la terre indienne se résument plus particulièrement à la répartition équitable de la terre entre les groupes défavorisés ou à la protection de l'écologie et non à sa féminisation. Ses personnages tels qu'Ammu, la mère, et plus particulièrement Rahel la fille, sont des femmes qui essaient de s'affirmer dans une Inde conservatrice et traditionnelle.

Les personnages féminins sont loin de se couler dans la métaphore du maternage sécurisant de la terre-mère. Par contraste elles sont dépeintes comme à la fois libérées et non-conventionnelles, à l'instar d'Ammu, la mère de Rahel et Estha. Divorcée d'un mari alcoolique, elle retourne à Ayemenem, son village natal et n'assume pas complètement sa responsabilité de mère en laissant son fils Estha partir habiter avec son père. A un autre moment, elle n'hésite pas à revendiquer son individualité en s'engageant dans une liaison avec Velutha l'intouchable. Si l'auteur nous décrit des personnages 'libres' 'indépendants' dans le couple Ammu et Velutha, elle nous démontre, par souci de réalisme que leur transgression des traditions et de l'ordre social est aussi la cause principale de leur déchéance et de leur perte. Un des soucis de Roy est de ne pas mythologiser la femme en tant que symbole de la terre. Dans un milieu conservateur et chrétien après la colonisation britannique, les personnages féminins se voient dans une situation précaire. Leur désir d'une identité intrinsèque se heurte aux systèmes de classe, castes et de traditions et l'auteur met en lumière ces luttes constantes. Mammachi, la grand-mère, dirige une conserverie de confitures alors que Baby Kochama, la grand-tante, nourrit une passion presque mystique pour un prêtre irlandais. En nous les décrivant, Mammachi, autoritaire et revêche, et Baby Kochama, jalouse et frustrée, l'auteur nous brosse des portraits réalistes dans une société patriarcale où la femme est vue en tant que sujet subalterne.

Cependant, l'œuvre de Roy remet en question la condition de la femme dans une société traditionnelle. En situant Rahel dans une relation incestueuse avec son jumeau, Estha, Roy déconstruit les caractérisations traditionnelles de la femme vertueuse et maternelle qui est appelée à sous-tendre les valeurs primitives associées à la terre-mère. L'auteur situe la femme répondant à ses besoins affectifs et personnels. Toute la trame du roman ne suit pas une tradition linéaire mais nous est livrée en de différents morceaux de puzzle, où les anecdotes, le passé et le présent sont mélangés. Ceci aide à créer un peu de mystère et de tension qui culmine finalement à des révélations dramatiques et choquantes telles que celles que nous avons mentionnées, la liaison et la mort d'Ammu et la relation incestueuse de Rahel et d'Estha. Et ce que le roman très complexe de Roy permet de faire, c'est d'analyser d'autres thèmes novateurs liés à l'Inde-mère et à ses traditions.

Nous voudrions compléter ce survol du thème de la terre-mère, *Bharat Mata,* et son association étroite avec la femme, en soulignant à quel point pendant de longues années, la littérature et le cinéma indiens ont enfermé la femme dans des clichés où elle soumise aux diktats du patriarcat. Dans une société fortement hiérarchisée, où le système des castes perdure et la religion tient une place importante, il existe certaines contraintes telles que l'honneur du groupe, de la famille, les traditions qui sont considérées comme plus importants que la poursuite des désirs et des aspirations personnels. S'il est vrai que les critiques littéraires indiennes reçoivent mieux les œuvres où les femmes sont dépeintes dans des rôles traditionnels, femme-mère-terre, on note qu'après les années 80, les auteures ont osé malgré les attaques des critiques, se frayer un nouveau chemin dans la littérature, en campant les protagonistes féminins dans leur position sociale véritable.

Bibliographie sélective

BHABHA, Homi K. *Nation and Narration,* Routledge, Londres, 1990.

BUTALIA, Urvashi 'Muslims and Hindus, Men and Women : Communal Stereotypes and the Partition of India' dans *Indian Experiences*, Zed Books, Londres, 1995.

CHATTERJEE, Partha *The Nation and Its Fragments: Colonial and Postcolonial Histories,* Princeton University Press, Princeton, 1993.

CHATTERJEE, Bankim Chandra *Anandamath (The Abbey of Bliss)* (1982), Oxford University Press, Oxford, 2005.

DESAI, Anita *Feasting Fasting*, Chatto and Windus, Londres, 1999.

DESHPANDE, Shashi *That Long Silence*, Penguin Books, Londres,1988..

---, *The Binding Vine*, Penguin Books, Inde, 1993.

KHAN, Mehboob, *Mother India*, Mehboob Productions, Inde, 1957.

MAYO, Katherine, *Mother India*, Jonathan Cape Ltd, Londres, 1929.

RAY, Sangeeta 'New Women, New Nations' dans *En-Gendering Woman,* Durham et Duke University Press, Londres 2000.

ROY, Arundhati *The God of Small Things,* Flamingo, Londres, 1997.

SANGARI, Kumkum et Sudesh VAID (eds.) *Recasting Women,* Rutgers University Press, New Jersey, 1997.

SIDWA, Bapsi, *Ice Candy Man* Heinemann, Londres: 1988.

--- *Cracking India*, Milkweed Editions, Minneapolis, 1992.

SINGH BALDWIN, Shauna *What The Body Remembers*, Transworld Publishers, Londres, 1999.

TAGORE, Rabindranath, *Gora,* (1907) Rupa & Co, New Delhi, 2002.

CHAPITRE 4

DANS LE SILLAGE DE *BHU DEVI* : TO B- OR NOT TO BE

Renuga DEVI-VOISSET (Université des Antilles)

La représentation hindoue de la déesse Terre, *Bhu Devi*, offre à la réflexion contemporaine non seulement un cadre intellectuel, philosophique et spirituel, mais également un cadre écologique. Mon fil directeur est la figuration de *Bhu Devi* comme « la matrice éternelle dans laquelle respire et se meut toute forme de vie ». Je viens de citer l'*Atharva Veda*, 12-1.2 (voir l'*Hymne à la Terre* en appendice). On doit repenser l'hindouisme comme l'un des grands modes d'approche d'un « retour circonstancié » mais urgent à la Terre. La pensée hindoue offre en effet un cadre fondamentalement distinct de celui qu'ont développé les grandes religions abrahamiques, en ce qu'elle ne fait aucunement de la Terre un séparé du divin, ni de l'Homme un séparé de la Terre et du reste du vivant.

Je partirai de cette première figuration cachée dans l'étymologie pour mettre ensuite en relief, à travers quelques exemples de figuration concrète ou symbolique en Asie du Sud-Est, la notion de sacralité de la terre dans ce que beaucoup de critiques anglo-saxons appellent « eco-divinity » ou « eco-piety ». Un exemple en est le programme croisé de l'Université de Yale «Forestry, Environment and Divinity Studies », au sein de la Yale School of Forestry and Environmental Studies (Université de Yale).

Les grandes figurations mythiques de la Déesse Terre dans l'hindouisme

Le concept de Terre dans l'hindouisme peut être rassemblé autour de trois grandes déités : *Bhumi*, qu'on peut considérer comme principalement une « Déesse Terre » au sens le plus large des mythologies comparées, *Prithvi* ou *Prithivi*, et *Aditi*.

Chacune de ces représentations étant un phénomène, et la notion de terre étant le principe phénoménal par excellence, le « manifesté », chacun de ces noms est associé à d'innombrables autres épithètes ou dénominations. Mentionnons ceux de *Dhara*, *Dhrithi*, signifiant « ce qui se tient ensemble » - nos langues utilisent le terme de « continent » qui signifie exactement la même chose - autrement dit le « support de toutes les créatures et le principe nourricier de toute vie, et à ce titre la première des huit sphères, qui héberge le feu (*Agni*). Enfin il faut signaler les rapports très spéculatifs avec *Jagat,* le monde en tant qu'univers, que je mentionnerai brièvement plus loin.

Commençons par *Aditi* qui est le concept védique le plus englobant puisque le mot sanscrit signifie non-lié (a-diti). Comparé à *Bhumi* ou *Prithvi*, *Aditi* est la matrice cosmique, associée à la substance primordiale (*mulaprakriti*) dans le *Vedanda*, forme féminine de *Brahma*, mère de nombreux dieux et notamment d'Indra et, dans le *Bhagavata Purana*, de *Varaha* le sanglier. Ce deuxième avatar de *Vishnou*, en prenant cette forme, avait fait remonter la Terre du fond des Eaux, où l'avait jetée le démon *Hiranyaksha*. On retrouvera constamment ce lien entre la Terre et *Vishnou*, le Préservateur et Restaurateur. On est au cœur d'un processus de salvation écologique. Enfin, *Aditi* est également la Vache cosmique, dont le lait est identifié parfois au *soma*.

Cependant, une des nombreuses particularités de la Terre comme « Etendue primordiale », en tant que « non liée », est son rôle de « celle qui délie ». On est là à l'opposé du principe de cohérence de *Dhra*. Ce rôle est similaire à celui de son fils *Varuna*, le gardien de l'ordre cosmique moral (*Rta*). Mais en même temps, il fait d'elle « celle qui délivre » et donc le support des créatures ainsi que le rappelle l'un des hymnes du premier livre ou *Mandala* du *Rig Veda* (Hymne 1.136).

La plus essentielle spécificité d'*Aditi* serait donc son caractère duel primordial. En présidant à l'étendue sidérale, le premier des cinq éléments (suivent, dans l'ordre, l'air, le feu, l'eau et enfin la terre), *Aditi* « couvre » à la fois le ciel et la terre, préexistant en quelque sorte aux rôles védiques du dieu du ciel (*Dyaus Pita*) et de la déesse terre, sur laquelle on se penchera maintenant à travers la désignation de *Prithvi*. Ce trait a perduré à travers le regard hindou sur la Terre comme une forme de la « Grande déesse ».

Prithvi Matar est la Terre-Mère, la Nourricière, épouse de *Dyaus Pita*, ainsi que « la substance, l'aspect spatial de la Personne-Indestructible », « la semence de vie (*amrita*) manifestation tangible de la Personne-Destructible, sans cesse mourant et renaissant » (Daniélou 87). Par son nom, *Prithivi* signifie le domaine de *Prithu*, considéré comme le premier agriculteur, et neuvième avatar de Vishnou dans le *Bhagavata Purana*.

Une figuration archaïque de *Bhu* la Déesse : la veine étymologique

Bhumi ou *Bhumi Devi*, ou *Bhuma Devi*, ou *Bhu Devi*, est la figure la plus synthétique de la Déesse Terre, qui a agrégé une bonne partie des précédentes, et de nombreuses autres selon les sources. Elle occupe une place importante dans les *Vedas*, où un hymne magnifique lui est consacré. Son lien avec *Vishnou* est manifeste dans le fait qu'elle est considérée comme sa seconde épouse aux côtés de *Lakshmi*, ou comme l'épouse de *Varaha*. Elle est également mère de *Sita*, l'épouse de son avatar *Rama*, dont le nom ne signifie rien d'autre que « sillon ». Sans doute aurais-je donc dû choisir comme titre : « Dans le sillon de *Bhu Devi* », mais je reviendrai brièvement sur ce rapport consubstantiel terre/eau. A d'innombrables égards, notamment son lien toujours plus fort, dans l'hindouisme moderne, avec le culte de *Shakti* et de la Grande Déesse, *Bhumi* incarne l'indianité. Mais souvenons-nous du film de Rossellini consacré à l'Inde en 1959, et appelé *India matri bhumi*[1]

J'insisterai cependant ici sur une autre dimension : la seule désignation de *Bhu la* déesse Terre, à laquelle nous nous limiterons maintenant, a fait l'objet, inversement, d'une expansion planétaire considérable. On pourrait également suivre une autre veine, celle de la 'revalorisation' de *Bhumi* en Inde bien sûr mais aussi jusqu'en France (voir le site de « Bhûmi

---

[1] *Inde : Terre Mère*, documentaire réalisé par Roberto Rossellini en Italie en juin 1957, 90 minutes.

Développement Eco-Logique » sur le Net), mais je vais en rester à cette expansion étymologique, comme une sorte de prolégomènes lointains aux réveils actuels. Car elle est peut-être la plus considérable de l'histoire du langage humain, comme on va le voir, si l'on en croit du moins certaines théories linguistiques audacieuses. On pourra, auparavant, brièvement, écarter une première veine étymologique, celle qui s'est précisément écartée de la préoccupation écologique qui est ici la nôtre, en traduisant, au fil de l'histoire, la « territorialisation » de la Déesse nourricière. Je me limite à donner ici quelques exemples que je prends dans le contexte malais qui m'est familier, où *Prithvi* est devenue la déesse *Pertiwi* du monde indonésien, ou encore le terme de *Bumiputra* ou « Fils de *Bhumi* », qui sert à désigner, dans la Malaisie d'après l'indépendance, le peuple Malais en tant que peuple privilégié de la nation au nom du « droit du sol ».

Mais pour en revenir à la perspective étymologique, nous pourrions dire que l'une des approches fondamentales du lien entre ces trois domaines que sont la Terre, l'Humanité et la Pensée dans l'ensemble interculturel et géopolitique indo-occidental est inscrite dans le nom même de la déesse hindoue *Bhu*. En effet, *Bhumi*, *Bhuma,* procèdent d'une racine très ancienne (« profonde »), *bhū,* où B-, regroupant à la fois les sens de « Terre, monde, sol » et ceux de « se produire / être produit », « devenir », « pousser / croître » et enfin « être ». Aucun rapprochement n'exprime mieux cette relation qu'avec l'anglais « *to be* » et l'allemand « *bin* » de « *Ich bin* » (je suis).

On pourrait, à ce stade, faire référence ici à la lecture de Heidegger, et notamment *L'être et le temps*, par le philosophe Jean-Joseph Goux, notamment à travers une étude intitulée « L'oubli de Hestia », où il suit la trace du lien entre être et habiter et « l'oubli de l'être » à travers la racine indo-européenne dont la langue allemande conserve le souvenir. Ceci, afin, dit-il, de « redonner à Hestia une primauté perdue » (Goux 61). La référence est ici le terme vieux haut allemand « *buan* » dont le sens est : habiter. La thèse revient à cette idée selon laquelle, à partir de Platon, l'Homme s'est détourné du foyer pour regarder le ciel, marque de l'aliénation. « Heidegger aurait pu ajouter, écrit J. J. Goux, que le même mot : « *bhu* » signifie, en sanscrit, « être » et « terre ». Cela confirme l'unité ancienne entre « terre », « habiter » et « être sur la terre », qu'il s'efforce de dégager, mais aussi le fait que l'expérience de l'être comme stabilité se confond originairement avec l'épreuve de la stabilité du terrestre » (Goux 57).

Il faudrait revenir ici sur les rapports mouvants entre ces différentes désignations de ce que l'on appelle ici la Terre en tant que monde, et *Jagat*, l'univers en tant que monde. *Jagat* signifie ce qui vient et s'en va. *Jagat* est la combinaison de la nature et du divin. Dieu est la cause, et la nature, qui serait ici *Bhu Devi*, son effet, équivalent à la manifestation de la conscience cosmique. En conséquence, l'homme séparé de la nature devient un « étranger ».

Mais par delà toute dérivation métaphysique, que ce soit celle de Heidegger ou celles qui procèdent du goût prononcé de la civilisation indienne pour les spéculations les plus abstraites, ou d'autres, nous pouvons plutôt choisir de retrouver, dans ce très long « sillon/sillage » étymologique, une injonction primordiale, et très concrète celle-ci : l'injonction de la Terre à ceux de ses fils appelés Hommes. Par-delà la dispersion des langues, les Hommes seraient ici symboliquement liés par un même contrat : non seulement entre eux (contrat adamique, ou de Manu, ou autre) mais avant même cela, par un contrat entre eux et la Terre (un contrat « *bhumique* »). Ce contrat ne serait plus *conséquent* aux ordres successifs de la Création, comme dans les religions abrahamiques où règne le principe de la séparation, mais *inhérent* à un ordre initial où l'homme n'est plus ni l'ultime séparé (le seul but) ni le centre (le seul centre).

C'est pourquoi je conclus sur ce point de la figuration étymologique en mentionnant une thèse linguistique qui n'est sans doute pas orthodoxe ni même peut-être convaincante dans ses détails, mais qui interpelle sur ce point précis : la thèse de Merritt Rulhen sur une origine unique et encore décelable des langues [2]. On a postulé, ailleurs, que notre gaulois « boue » dérive lui aussi de *bhu*, de même que peut-être le

[2] *L'origine des langues : sur les traces de la langue mère.*

basque « *buztin* » (argile)[3]. On peut s'interroger sur la valeur scientifique de la démonstration que fait Ruhlen, quand il pense avoir remonté aux origines d'une centaine de racines de cette langue première. La thèse de la monogénèse linguistique est récurrente, mais symboliquement, je lis à travers ce mode de « retour à la terre » un moyen d'échapper au principe de la séparation démultipliée, de la rupture, sur lequel notre civilisation mondialisée, depuis le romantisme au moins, ne cesse de se pencher avec une inquiétude croissante. A cette marque théologique imprimée sur le front de la Déesse Terre, qu'illustre par exemple le fameux « souviens-toi que tu es poussière et que tu retourneras en poussière » de la liturgie catholique du mercredi des Cendres s'oppose une nouvelle éthique de vie : une vie commune où la Terre a des droits partagés. Il ne s'agit pas de régresser, comme justement une bonne partie de la pensée romantique, cherchant le retour au « naïf » (natif) l'a fait, mais d'en venir à un partage des droits.

J'insiste sur ce mot, qui me conduira à une relecture « écologique » de ce que l'hindouisme pourrait ajouter à ce que le Commandant Cousteau avait appelé le « droit des générations futures ».

Hindouisme et écologie : réflexions sur une re-sacralisation de la Terre

Il existe une statue tout à fait exceptionnelle de *Bhumi Devi* au centre d'un fronton du temple du Ta Prohm temple célèbre de l'ensemble d'Angkor au Cambodge. La déesse y est représentée non pas les cheveux liés, ou avec des attributs conformes au symbolisme venu de l'Inde, mais avec une longue tresse dénouée qu'elle presse le long de son flanc, pour en faire

[3] « *Bedar, belar* 1°) « herbe, foin », 2°) « plante, tout type de plante herbacée » cf. bsq. *Budar/bul(h)ar*, « mamelle » (…) La racine /**bhū-*/ « pousser,... » conserve le sens concret originel dans gr. φυω, φυή, φυτον, arm. *busanim* « je pousse » (…) ; skr. *bhumī* « terre, sol » ; bsq. *buztin* « argile »». Voir la page : « Lexique : BEDAR - Basque et indo-européennes : essai de comparaison », sur le site http// :www.etchamendy.com/Lexique/ABC/BEDAR.htm

sortir de l'eau. Parmi les nombreux symboles que l'on peut lire dans cette sculpture, et sur lesquels on reviendra, le « dé-liage » pourrait bien être le premier. Je renvoie ici à ce que l'on a dit au sujet d'*Aditi.*

Mais que cette figuration soit apparemment sans équivalent ni en Inde ni ailleurs dans le monde indien, traduit peut-être davantage qu'une fantaisie (érotique ?) de sculpteur au burin « délié ». On peut y voir là encore une dimension « territorialisante » politique, idéologique, puisque l'on sait que la civilisation khmère de l'époque fut fondée sur la maîtrise et la canalisation des eaux sur des espaces symboliques réduits représentant l'Univers. La sacralité de la Terre est ici orientée au profit d'une appropriation de l'espace humain qui associe la Terre et l'Eau. En cela, elle est bien typiquement sud-est asiatique, d'ailleurs. Je rappelle au passage que le terme qui désigne la patrie en malais est « *tanah air* », « terre – eau ». On pourrait suivre ici, si l'on en avait le temps, de nombreuses traces de la « territorialisation » de *Bhumi* dans cette région anciennement indianisée. Mais c'est précisément une symbolique inverse de celle-ci, ou du *Bumiputra* malais que je voudrais lire dans cette statue du Ta Prohm : celle d'un usage harmonieux de la terre et de l'eau, pour la pérennité de la Vie.

Pour l'hindouisme, la nature et l'environnement ne sont pas en-dehors de nous. Ils forment une partie intégrale de notre existence, et constituent notre véritable corps. D'après les *Upanishad,* cinq éléments relient macrocosme et microcosme, présentés selon cet ordre : du *Brahman* procède l'Espace, de l'Espace procède l'Air, de l'Air procède le Feu, du Feu procède l'Eau, et de l'Eau procède la Terre. Le corps humain est associé à ces éléments, la Terre étant associée au Nez. Il est intéressant de noter que la Terre vient donc en dernier. Une relecture écologique pourra en conclure que l'Homme, s'il ne veut « brûler les étapes », doit les remonter. Des pieds de la déesse, qu'il remonte, si j'ose dire, tout le long de sa tresse. Le ciel ne peut être, en tout état de cause, que plus haut.

Je suis consciente, en disant ceci, d'aller à l'encontre d'une très belle devise que j'ai découverte récemment sur les armoiries d'un tout petit pays de l'arc des Antilles, la Dominique. La voici : « *Après Bondié, c'est la terre* ». Mais c'est justement que si les religions du Livre ont séparé Créateur et Création, Création et Homme, l'hindouisme ne le fait pas : le « *Bondié* » *est* la Terre et la terre *est* le *Bondié*. Rappelons, entre autres, la vénération des éléments naturels, tel le Gange, comme des dieux et déesses.

La conjonction de l'urgence écologique dans l'Inde du troisième millénaire, et de la jonction des pensées monothéistes et hindouistes, conduit actuellement à un formidable foisonnement de relectures écologiques de la pensée indienne, et de relectures indiennes de l'écologie. Ceci va bien au-delà, par exemple, de la célébration du modèle de Gandhi filant et tissant ses propres vêtements, le principe de la vie simple comme modèle de développement durable. Ou encore, plus innovateur, à la valorisation des communautés longtemps minoritaires, voire exclues, plus proches de la « Nature ». Dans nombre de nouvelles formes de spiritualité, la prise en compte du respect pour la Terre est valorisée dans la réflexion sur le *dharma* et sur le *karma*.

C'est sur ce point d'ailleurs que je conclurai, en mentionnant la création en 2010 d'un Festival de la Terre, appelé *Bhoomi*, sous les auspices de l'Association Navdanya. Il est associé aux commémorations de la Journée anniversaire de la naissance de Gandhi, et au cours de celui-ci une cérémonie, *Bhumi Vandana*, a été adressée à *Bhumi Devi*. Ce n'est pas que *Bhumi* ne soit depuis toujours au centre des rituels hindous, puisque la *Gayatri Mantra* elle-même y renvoie, et que nombre de danses, par exemple, commencent par un tel hommage. Mais je remarque que cette initiative est venue s'associer à celle qui est née dans un pays a priori aussi éloigné que possible de l'Inde – la Bolivie, pour réfléchir sur la proposition faite en 2010 dans ce pays de reconnaissance d'une *Déclaration Universelle des Droits de la Terre*. Le premier article de cette Déclaration, dont le texte appelle à signatures sur le Net, est le suivant : « La terre est un être vivant ». Son ambiguïté métaphysique n'échappera à personne : c'est que précisément, il s'agirait d'une évidence *a-métaphysique*. « Les droits fondamentaux à l'Eau et à la Nourriture », rappelle le fondateur de Navdanya, dérivent des

Droits de la Terre Mère »[4]. Concluons, donc, avec un dernier symbole : car s'il est un pays où *Bhumi* a été meurtrie, fouillée, creusée, pillée, martyrisée depuis des siècles, un pays aux mines d'or synonymes de « Temps Modernes », c'est bien celui-ci.

Que l'Inde, l'une des puissances annoncées du XXIe siècle, et donc à l'aube d'une nouvelle ère, s'en souvienne, ne doit surtout pas nous échapper.

APPENDICE

Hymne à *Bhûmi-Mâtar* la Terre

Soutenue de toutes les Puissances divines,
Maîtresse de ce qui fut et de ce qui sera,
Veuille la Terre nous préparer un vaste et sûr domaine!
O Terre, avec tes hauteurs, tes montagnes neigeuses,

Ta forêt, sois-nous hospitalière!
Brune, rouge ou noire, et de toutes les formes
Stable et ferme est la vaste Terre que protège Indra!
Nés de toi les mortels retournent en toi,

C'est toi qui portes les bipèdes, toi les quadrupèdes;
Tiennes, ô Terre, sont les cinq races d'hommes,
Les mortels pour qui l'immortelle lumière
S'étend sous les rayons du soleil levant.

Universelle génitrice, mère des plantes,

---

4 « Bhoomi aims at waking India from her ecological slumber. As we build jungles of concrete, mine our mountains and forests, pollute and dam our rivers, we turn our backs to the Earth. We have forgotten that she supports us, that she gives us food, she gives us water. The fundamental human Right to Food and Water are derived from the Rights of Mother Earth. The more we neglect her and plunder and privatize her resources, the more humanity is deprived of food and water. The Bhoomi Movement will spread awareness that protecting the Earth is not a luxury. It is the very basis of providing our basic needs. Ecological protection is the most important anti-poverty program for India. », Dr. Vandhana Shiva, « Bhoomi the Earth Festival 2010 », sur http//:_www.navdanya.org/.../135-bhoomi-the-earth-festival-2010.

Immuable et vaste Terre que maintient la Loi,
Pacifique, hospitalière :
Puissions-nous marcher le long d'elle toujours!

Sur elle sont les arbres, princes de la forêt,
Immobiles, ils sont debout toujours.
C'est la terre toute nourricière,
La Terre solide que nous invoquons.

Que nous voulions nous redresser ou nous asseoir
Ou bien, debout, nous mettre en marche,
Soit du pied droit soit du pied gauche :
Puissions-nous ne pas chanceler sur la Terre!

Ce que je fends et creuse de toi, ô Terre,
Puisse cela même recroître promptement!
Puissé-je n'entamer, ô Purifiante,
Ni ton coeur, ni quelque point mortel!

Elle porte l'insensé, et porte aussi l'homme de poids;
Elle souffre la retraite du méchant comme du bon;
Elle vit en concorde avec le sanglier,
Ce porc sauvage auquel elle ouvre son corps.

O Terre, notre Mère,
Confère-moi la grâce d'un bon établissement!
En harmonie avec le Ciel, ô Terre si sage,
Dispose-moi dans la gloire et dans la fortune!

Atharva-Veda XII.1
Traduction L. Renou / R. Koch [5]

---

[5] Traduction du grand indianiste français Louis Renou disponible sur le site : http://www.sourcesdeyoga.wordpress.com

Bibliographie sélective

DANIELOU, Alain, *Mythes et Dieux de l'Inde (le polythéisme hindou),* Flammarion, Paris, 1992.
GOUX, Jean-Joseph, « L'oubli de Hestia », *Langages*, 21° année, 85, 1987.
RUHLEN, Merritt, *L'origine des langues : sur les traces de la langue mère*, Gallimard, Paris, 2007 (1996).

DEUXIEME PARTIE

LA TERRE PERDUE ET RECONQUISE

CHAPITRE 5

QUI EST CHEZ SOI SUR CETTE TERRE ? *LE MOULIN D'HABERMANN* DE JOSEF URBAN : AVEC REFERENCES A *UN TRAIN POUR LE PAKISTAN* DE KHUSHWANT SINGH

Ludmila VOLNA (Université de Prague)

Juillet 2010, Dobronín, un petit village de Moravie : découverte d'un charnier de civils allemands anonymes, massacrés quelques jours seulement après la fin de la Seconde Guerre Mondiale. 'Découverte' signifie ici que les faits sont enfin reconnus et qu'une sorte d'enquête commence. Parce qu'on savait ce qui s'était passé mais on avait préféré ne pas le prendre en compte.

Quelques mois plus tard, en octobre 2010, sort le film de Juraj Herz, *Habermannův mlýn [Le moulin d'Habermann]*, tiré de la nouvelle éponyme de Josef Urban. Urban, dans son œuvre de fiction, reproduit l'histoire d'un meunier allemand de la région de Šumperk, qui avait aidé les Tchèques pendant la guerre et avait mystérieusement disparu à la fin de celle-ci. La première édition de la nouvelle, parue en 2001, causa une grande agitation et en conséquence la seconde édition ne parut qu'en 2010 grâce au film.

La façon dont la nouvelle relate les évènements de la guerre et de l'après-guerre est relativement inhabituelle dans le contexte tchèque et reflète le malaise des Tchèques par rapport au sort des civils germanophones juste après la guerre, ces Allemands qui vivaient jusque là dans les Sudètes, partie de la Tchécoslovaquie d'avant et d'après-guerre et annexée par l'Allemagne au début de la guerre, mais aussi de ceux qui vivaient ailleurs en Bohême ou en Moravie. Dans le cadre de la résolution du problème de la minorité allemande, les Alliés et le gouvernement tchèque en exil décidèrent, lors de la Conférence de Potsdam en 1945, que les Allemands devraient quitter la Tchécoslovaquie.

Comme le soutient fort justement Václav Houžvička, on peut dire que le 20e siècle lui-même est un siècle de « transmigration » (247-259) avec, comme exemples, ce qu'on appellera plus tard les « échanges de populations » entre la Grèce et la Turquie après 1923 ou, plus loin de l'Europe, la migration de millions de Musulmans ou d'Hindous pendant la Partition de 1947 séparant l'Inde d'alors en deux pays, l'Inde actuelle et le Pakistan. Les pertes en vies humaines et les horreurs qu'elles entraînent, ainsi que la perte d'un foyer qui vont toujours de pair avec ce genre d'échange ou de transmigration, constituent le thème du roman *Train to Pakistan [Un train pour le Pakistan]* de Khushwant Singh (1956), avec pour cadre la Partition. Le présent article, qui s'articule autour de la nouvelle d'Urban, fera occasionnellement référence au roman de Singh. Nous analyserons les différentes façons qu'a Urban de présenter l'intimité intrinsèque de la relation de l'homme avec son pays et les moyens par lesquels il établit une relation entre les personnes ou les évènements liés à la guerre et la terre natale. Avant de commencer l'analyse, il est nécessaire d'évoquer brièvement les aspects les plus significatifs du contexte historique.

Dans le cadre de la coexistence entre les Tchèques et les Allemands en Europe Centrale, l'idée de « transmigration des minorités nationales importantes » remonte au début du 20e siècle. Il s'agissait de déplacer à une époque la population allemande et à une autre époque la population non-allemande. (Voir Brügel 1974 : 98. Cité par Houžvička 246, 247.)

Quant à l'expulsion des Allemands après la Seconde Guerre Mondiale, on peut considérer, comme le soutient Brügel, qu'elle contrevient au Droit international même s'il n'y avait pas, en 1945-1946, de norme générale internationale interdisant les transferts de masse. (Brügel 2008 : 307) Environ trois millions de germanophones furent expulsés (Tampke : Intro xiii) et on estime que 43.000 sont passés par des camps d'internement et qu'entre 24.000 et 25.000 sont morts, victimes d'atrocités : maltraitance, torture et/ou meurtres purs et simples. La décision, mentionnée ci-dessus, d'expulser les Allemands découlait d'années de négociations entre les Alliés et gouvernement tchécoslovaque en exil, alors que les atrocités –

que le gouvernement décourageait et dénonçait officiellement – étaient le fait, la plupart du temps, de bandes armées ou de 'cours de justice populaires' que ce même gouvernement préférait ignorer. Des incidents terrifiants se produisirent jusque dans la vieille ville de Prague, y compris des lynchages. On dit que certains hommes politiques tchécoslovaques avaient prédit que de tels évènements allaient inévitablement se produire, ce qui aurait alors pu encouragé les faits. (Tampke 88)

Il reste à faire un bref point sur la terminologie. Comme l'indique Jürgen Tampke, le terme *transfert (odsun* en tchèque, *Abschub* en allemand) fut celui employé par Potsdam et adopté par la plupart des historiens tchèques de l'émigration ainsi que par le grand public tchèque, mais pas par l'Association des Allemands des Sudètes et les historiens s'y intéressant, qui insistent pour l'emploi du terme *Vertreibung* (en allemand ; *vyhnání* en tchèque, *expulsion* en anglais). « La Commission de l'Union des historiens tchèques et allemands accepta le terme allemand *Vertreibung und Aussiedlung,* » (73) pour lequel Tampke propose *expulsion and forced resettlement [expulsion et relocalisation forcée]* comme équivalent anglais. (73)

Avant d'entamer l'analyse de la nouvelle, il peut s'avérer utile d'en faire un résumé rapide :

Une foule constituée d'habitants germanophones de Podhradí en Moravie quittent leur village juste après la guerre en 1945 pour être transférés en Allemagne. Une foule de Tchèques les entoure et les observe. La scène fait état des éventuels cris de ces derniers, ainsi que de manifestations agressives de haine et même de violence physique. L'un des hommes tchèques (qui se révèlera plus tard être Jan Březina) s'approche d'une femme allemande accompagnée de deux enfants (la famille d'August Habermann par la suite) et lui promet de 'le' retrouver (le mari de la femme, August Habermann, comme nous l'apprendrons par la suite).

Puis le narrateur fait un retour en arrière de six ans. Dans un paysage très agréable, vit un Allemand, August Habermann, propriétaire d'un moulin et d'une scierie. Il vit heureux avec sa famille et a un ami proche, Jan Březina, un Tchèque. Il emploie des gens du village, qui est un village tchèque, et il les aide de différentes autres manières.

Pospischil, le propriétaire et directeur d'une station thermale voisine, et Peter Hartl, le maire du village, sont des indicateurs de la gestapo. C'est la fin de la guerre et les Russes ne sont pas loin. Un groupe de gardes révolutionnaires s'approche du moulin, il est composé de vingt-cinq hommes parmi lesquels Mašek (qui a été mise à la porte par Habermann parce qu'il lui volait du bois) et Huf (le contremaître du moulin qui convoite en secret Herta, l'épouse de Habermann), qui se joint à eux quand ils arrivent à la propriété. Pendant qu'ils emmènent Habermann, Mašek donne libre cours à la haine qu'il contenait depuis longtemps et l'attaque brutalement. On ne nous dit pas immédiatement ce qui va arriver à Habermann. Huf et Hartl cherchent fiévreusement l'or et les bijoux de la famille Habermann et finissent par les trouver.

Březina, à peine remis d'une tentative de meurtre, sort de l'hôpital et promet à Herta de retrouver Habermann (ici la narration rejoint le chapitre d'introduction). Plus tard et grâce à ses efforts incessants, Březina découvre dans une note laissée par Huf lors de son suicide que Habermann a été tué et son corps brûlé dans le fourneau de la station thermale. Hartl, qui est resté l'homme le plus important du village, meurt accidentellement en essayant de tuer Březina.

En présentant de façon très vivante une foule de personnes qui partent pour la gare, l'introduction fait de l'expulsion des Allemands hors de leur demeure le point central de la nouvelle. Les Tchèques qui les entourent ne partent pas, ce qui rend palpable l'opposition entre le sort réservé aux deux groupes.

Ce qui ressort de cette scène est une question cruciale, une question liée aux évènements de la guerre et de l'après-guerre : la question de la culpabilité, de la responsabilité. Le cri qui sort de la foule des Tchèques affirme que « Ce sont *tous* de porcs, ils voulaient dominer le monde entier, qu'ils y aillent donc. » (1. Les italiques et la traduction sont de mon fait.)

Alors qu'en temps de paix il est plus facile d'accepter l'idée que ce genre de simplification ouvre la voie à la discrimination et prive ainsi les innocents de leurs droits – et même les coupables d'un procès équitable – en temps de guerre, les souffrances afférentes causent des émotions violentes et des traumatismes qui rendent bien plus difficile d'appliquer ce même principe. Cependant, comme le remarque fort justement Brügel, même quand il s'agit de guerre, il n'y a ni culpabilité ni innocence collectives. (236) Selon Carl Gustav Jung, « La culpabilité collective psychologique est une tragique malédiction : elle concerne aussi bien les Justes que ceux qui ne l'étaient pas parmi ceux qui ont assisté aux horreurs. » (Cité par Houžvička 297. Ma traduction du tchèque.)

Le fait que l'attention glisse du groupe à l'individu dans cette scène d'introduction, se rapporte au cri mentionné plus haut : si, au départ, on peut penser qu'il émane de l'ensemble de la foule, il vient en fait d'une femme d'un certain âge. L'accent mis sur l'individu se fait de plus en plus précis au fur et à mesure que d'autres personnages émergent de la foule : d'une part, la femme qui part avec deux enfants et, de l'autre, l'homme qui se fraie un chemin dans la foule de ceux qui restent afin de s'approcher de la femme.

Le contact de ces deux personnages, un Tchèque et une Allemande, dans une atmosphère chargée d'hostilité, est comme une étincelle d'humanité. L'interaction entre deux individus appartenant à des groupes opposés est établie et même ré-établie clairement. Ils se connaissent tous les deux et tandis que la femme doit partir avec ses deux enfants, l'homme fait référence à quelqu'un qu'il promet de retrouver, quelqu'un qui a clairement lien avec l'un et l'autre des deux protagonistes.

Cette personne, comme nous l'apprenons plus tard, est August Habermann, un Allemand qui nous est présenté au second chapitre, le propriétaire d'un moulin et d'une scierie dans un village des Sudètes, propriété qui « est dans la famille de ce meunier depuis des temps immémoriaux. » (7. Ma traduction du tchèque.) Ce point met en avant la question de la terre et plus particulièrement du droit à la terre sur laquelle on est chez soi. Comme le remarque Jürgen Tampke, « L'implantation allemande est établie dans cette région de l'Europe Centrale depuis le début du second millénaire de notre ère et a fortement contribué à son développement culturel, économique et politique. Ils cohabitaient avec leurs voisins tchèques dans une communauté bilingue appelée parfois *Zweivölkerland* – le pays aux deux peuples – ou

Zweivölkerstaat – l'état aux deux peuples. » (xiv, xv. Ma traduction de l'anglais.)

Comme Habermann est présenté au début de la narration comme l'héritier de la propriété appartenant à sa famille depuis des temps immémoriaux et qu'il conduit sa femme à l'hôpital pour qu'elle accouche de leur deuxième enfant, la lignée comme dans le passé avec les ancêtres d'Habermann continue dans le présent, symbolisée par Habermann lui-même, et annonce le futur où elle est censée être perpétuée par les descendants d'Habermann.

Dans *Habermannův mlýn*, la notion de *chez soi* n'est pas définie en termes politiques, c'est-à-dire en termes de citoyenneté ou d'appartenance à une entité politique, un état ou un pays défini sur des bases politiques. Si la notion de chez soi se rapporte au Soi comme opposé à ou comme homologue de l'Autre, de l'Etranger, ce que *Habermannův mlýn* veut nous faire comprendre, c'est que l'appartenance à la patrie, le pays de nos ancêtres comme nous l'avons vu, fait partie intégrante de notre identité. Cette intégrité individuelle et personnelle se constitue dans la continuité, dans le fait même que la terre et tout ce qui s'y rattache et qui est la vie et le moyen de survivre des gens, leur vient de leurs pères et de leurs mères (d'où la notion de pays maternel/*motherland* en anglais et de patrie : pays du père/*Vaterland* en allemand/*otčina* en tchèque.)

La question de la continuité ou la perpétuation de générations résidant, vivant, gagnant leur vie dans un même endroit, appelé son chez soi, son pays, ou son foyer, est soulevée, comme nous l'avons déjà mentionné, dans le second chapitre du roman, immédiatement après la scène introductoire qui montre des gens en train de quitter cet endroit. Au début du second chapitre, l'auteur fait un retour en arrière et ensuite la narration se fait de façon linéaire, elle explore le caractère des personnages principaux et leurs rôles dans les évènements dramatiques décrits, de façon à ce que, vers la fin du roman, on retrouve la scène de l'expulsion elle-même.

Si, dans *Train to Pakistan*, la terre qui appartient au village et à ses environs est décrite d'une façon très vivante qui lui donne une certaine importance, ce qui devient primordial dans l'œuvre d'Urban, ce sont les longs passages détaillés décrivant la terre, la nature et le temps qu'il fait avec force métaphores et images. La terre devient une représentation anthropomorphique des évènements qui s'y déroulent et a donc un lien très profond avec l'histoire. Par ce biais, il traite de son pays avec un sentiment de familiarité typique ; il définit ainsi l'appartenance au pays natal et met en valeur la pertinence essentielle de la relation entre les humains et leur pays.

Alors que Urban présente d'emblée, dans la scène d'introduction, la foule des Allemands qui viennent d'être expulsés, Singh commence par décrire la détresse du peuple, causée par des conditions climatiques défavorables, et passe ensuite aux atrocités commises dans d'autres endroits pendant la Partition. En contrepoint, Mano Majra semble paisible, mais la question se posera très vite de savoir si le village va réussir à conserver cette tranquillité.

Bien que la description de la nature et de la campagne entourant le village, ou du temps lui-même, soit directement liée à l'atmosphère –vue ici comme une métaphore– de détresse qui règne dans le pays, l'auteur de *Train to Pakistan* porte plus précisément son attention sur le village lui-même : « Bien qu'on dise que Mano Majra est situé sur les rives du fleuve Sutlej, il se trouve en fait à un demi-mile de là. » (11) Tout en créant petit à petit une atmosphère montrant qu'on est bien chez soi, Singh anticipe visiblement le changement de perspective et détourne l'attention du lecteur du coin de terre et de la campagne environnante, vers le village lui-même et ses habitants.

Le glissement de l'attention vers le village se précise encore un peu plus loin : la notion de chez soi est liée de façon intrinsèque aux villageois et à l'unité qui les soude malgré les différences d'appartenance religieuse (qui sont censées être au cœur du conflit). La communauté est ainsi mise en valeur de façon évidente.

L'affirmation forte de l'unité des villageois, qui leur permet à tous de vivre en paix les uns avec les autres, est représentée métaphoriquement par l'installation et la présence continue d'une déité locale, en réalité une « stèle de grès de trois pieds de haut » (10), vénérée par tous les villageois, qu'ils soient musulmans, sikhs, hindous ou de religion incertaine (les balayeurs du village adhèrent tantôt au christianisme tantôt au sikhisme).

Dans *Train to Pakistan,* ceux qui veulent inciter à la haine savent qu'il faut convaincre la communauté toute entière (le village sikh) de comprendre que l'entité voisine toute entière (les Musulmans) est leur ennemie. C'est très difficile à réaliser, mais une fois que c'est fait, un carnage s'ensuit. Urban, quant à lui, se concentre sur le rôle, la personnalité et les motivations de l'individu.

Au début de son histoire (second chapitre), Habermann est en train de pêcher. La vie paisible de tous ceux qui appartiennent à cet endroit, des animaux, des plantes, de Habermann lui-même, est en parfaite harmonie avec les éléments constitutifs du paysage, comme si les uns faisaient partie intégrante des autres et vice versa.

Les éléments du paysage sont d'abord décrits comme indifférents aux activités humaines se déroulant en leur milieu : « Seule la rivière, qui se cache derrière les buissons d'aulnes couvrant ses rives, suit tranquillement son cours sans entendre le rugissement dramatique de la scierie, perdue dans le rêve de son courant soyeux traversant les forêts riveraines en direction du sud. » (16. Ma traduction.) La Sutlej, la rivière qui traverse Mano Majra dans *Train to Pakistan*, suit elle aussi les lois de la nature, indifférente aux humains : « En Inde, les villages ne peuvent pas se permettre d'être trop près du bord des fleuves. Les fleuves changent d'humeur selon les saisons et détournent leur cours sans prévenir. » (11. Ma traduction.)

Quand arrive le temps des difficultés, le temps et la terre se montrent sensibles aux évènements et les reflètent avec force alors que dans le roman de Singh, « l'été de 1947 n'était pas comme les autres étés indiens. Même le temps dégageait une atmosphère différente cette année-là. Il faisait plus chaud, plus sec et il y avait plus de poussière […] Les gens commençaient à dire que Dieu les punissait pour leurs péchés, » (9) dans le village d'Habermann juste avant la guerre, « Le soleil était brûlant et ce jour de juin inhabituellement chaud » et « Le soleil terminait un autre chapitre de l'histoire de ce pays. » (5, 21) Par ailleurs, le jour où les expulsés sont chassés est décrit comme

« un jour lugubre, des nuages sombres se pourchassant comme s'ils symbolisaient l'anxiété, la colère et aussi la haine. » (1)

Le soleil devient encore plus brûlant pendant l'été 1942, (59) quand seules les montagnes conservent leur liberté habituelle. (61) La stabilité de la nature, de la manière dont s'exprime la terre elle-même – et qui devrait rester en harmonie avec la constance des humains qui vivent dans cet endroit – est sans cesse bousculée par des métaphores symbolisant la guerre et ses souffrances : « Terre desséchée, peuple desséché qu'on a trompés. Et dans la Morava, il n'y avait que peu d'eau. » (59) Les temps précédant de peu la guerre sont décrits comme « des temps agités où l'Europe perdait ses feuilles », (36) allusion au contexte politique général et donnant à la cohésion européenne une touche automnale d'avant l'hiver, mort (temporaire) de la nature, quand tombent les feuilles, attributs de la vie et de la beauté.

Tandis que le fleuve est décrit comme source de vie et « sang de la Terre » (68), le sang d'un jeune homme innocent tué par les Nazis est versé sur la terre sur laquelle il vivait dans le sens littéral du mot, car il n'avait pas de maison : « La Mère Terre le prend dans ses bras ». (91) La créativité d'Urban en termes de métaphores et d'images reliant la terre et la Terre éclate dans la scène où est décrite l'exécution des villageois : la nature et la terre deviennent une cathédrale. (93)

Ensuite, si l'eau de la rivière est le sang de la Terre, « les humains et l'histoire sont également comme une rivière qui suit inexorablement son cours », (103) donnant ainsi encore plus d'intensité à la relation entre les hommes, l'histoire et la terre/Terre.

Le contexte politique général de l'Europe qui fait de la guerre une métaphore de l'hiver, ainsi de la mort de la nature, fait donc clairement référence à la mort en tant que telle. La mort est présente aussi bien dans *Habermannův mlýn* que dans *Train to Pakistan.* Les expulsés traversant « des rues mortes, une ville morte, une foule de gens qui ont tout perdu, » (1) évoquent la mort du village de Mano Majra avec la répétition de la question « êtes-vous tous morts ? » (168, 169. Ma traduction de l'anglais.) Mais avant tout, la mort est présente littéralement par le fait que les innocents sont tués et massacrés, dans les deux ouvrages.

Seul l'hiver qui suit la guerre est décrit comme paisible et apaisant (154) : Huf et Hartl meurent, responsables tous deux de la mort d'Habermann, le premier se suicide et le second meurt accidentellement en tentant de tuer Březina.

Quant à Habermann lui-même, ses derniers regards sont tournés vers les collines couvertes d'arbres de son pays, et ses dernières pensées vers sa famille et son ami Březina. (136) Peu de temps après, Herta part avec ses enfants et regarde « le paysage familier, le moulin, la maison de leur bonheur », qu'elle est juste en train de perdre, avec un étonnement mêlé d'un sentiment d'absurdité. (148)

La notion de *chez soi* et d'appartenance à un endroit est plus encore mise en valeur avec l'attention portée aux activités humaines. D'un côté, dans *Train to Pakistan*, les activités des habitants de Mano Majra dépendent du passage des trains, les trains rythment les activités des villageois et donc, tant que leurs horaires sont réguliers, la vie et la paix règnent au village. L'accent est mis sur l'identité de groupe, que ce soit celui du village ou celui des différents groupes religieux. De l'autre, dans *Habermannův mlýn*, la vie et les occupations des gens tournent autour du moulin lui-même et les personnages sont décrits avec les qualités individuelles qui les caractérisent, que ce soit Habermann et sa famille ou ses employés. Quelques autres personnages sont ajoutés et rapportés aux évènements principaux.

En conclusion, après avoir raconté l'histoire, l'auteur dit combien il regrette d'en savoir si peu sur l'expulsion des Allemands (il emploie le mot *odsun* ; *transfer* ; *Abschub*), et il insiste sur le fait que la version littéraire de l'histoire de Habermann n'est qu'une goutte dans l'océan d'une immense réalité ; parmi les bourreaux, certains devinrent des protagonistes du nouveau régime après la guerre, d'autres des membres de la Police Secrète. « Les coupables ne sont ni les Tchèques ni les Allemands mais des individus – des criminels » (167, 168)

Bien que la relation homme-pays (natal) soit essentielle dans l'œuvre d'Urban, l'auteur se concentre clairement sur les relations et l'interaction entre les humains. C'est ainsi qu'il présente l'envie et la jalousie de tout ce que peut posséder l'autre, le désir cupide de profits matériels, la haine cultivée par esprit de vengeance, la lâcheté, les qualités qui mènent à la destruction comme celles de certains personnages tels que Hartl, Huf et Mašek, comme autant d'équivalents aux sentiments basés sur la famille et l'amitié, mais également sur « l'amour du prochain, » incarné par Habermann et Březina.

Il apparaît alors que la nouvelle décrit comment un système, que ce soit un état, un régime totalitaire ou toute autre structure organisée, permet à des personnages motivés par des pulsions destructrices de s'en prendre aux innocents, fragilisés par le fait qu'ils n'ont pas les faveurs du système, et de les détruire. Dans ce sens, la nouvelle rejoint des ouvrages comme *Spalovač mrtvol* [*L'Incinérateur*] (1967), court roman de Ladislav Fuks (et film d'horreur éponyme adapté en 1969 par Juraj Herz), dans lequel un maniaque tchèque, encouragé par le pouvoir nazi, assassine sa famille, ou bien *Pouta* [*Marche trop rapide*], création cinématographique plus récente de Radim Špaček (2010), exemple des excès d'un agent de la police secrète dans les années 1970 au temps de la Tchécoslovaquie communiste, période de « normalisation » répressive. Il reste à conter bien des histoires explorant les relations compliquées entre un système corrompu et un individu criminel.

Les deux œuvres littéraires présentées ici se ressemblent, tout d'abord parce qu'elles montrent toutes deux des évènements réels, et plus encore des évènements tragiques, au cours desquels des atrocités sont commises après que deux communautés soient devenues ennemies à cause de la guerre.. Par ailleurs, dans les deux œuvres, les évènements sont très étroitement liés à la terre et, dans un sens plus large, à divers éléments du paysage, de la nature et du temps. Ces éléments sont chargés d'une forte valeur narrative dans les deux ouvrages, afin de représenter les notions de chez soi, de perte de chez soi et de transfert/expulsion. Alors que dans *Habermannův mlýn*, l'auteur présente ces éléments associés à la terre tout au long de la narration, Khuswant Singh change progressivement de perspective pour se focaliser sur la communauté des villageois et sur la façon dont leur unité initiale est rompue.

Bibliographie sélective

BRÜGEL, Johann Wolfgang *Češi a Němci 1939-1945,* Part 2 *[Les Tchèques et les Allemands,* Volume 2], Academia, Praha, 2008, traduit par Petr Dvořáček du *Tschechen und Deutsche [Les Tchèques et les Allemands],* Nymphenburger Verlagshandlung GmbH, Munich, 1974.

BRÜGEL, Johann Wolfgang *Tschechen und Deutsche [Les Tchèques et les Allemands],* Nymphenburger Verlagshandlung GmbH, Munich, 1974.

HERZ, Juraj *Habermannův mlýn [Le moulin d'Habermann],* Bontonfilm, Praha, 2010.

HOUŽVIČKA, Václav *Návraty sudetské otázky,* Karolinum Univerzita Karlova v Praze, Praha, 2005.

SINGH, Khushwant *Train to Pakistan,* 1956, Ravi Dayal, Delhi, 1988.

TAMPKE, Jürgen *Czech-German Relations and the Politics of Central Europe: From Bohemia to the EU [Les relations tchèquo-allemandes et la politique de l'Europe Centrale: de la Bohème à l'UE.]* Palgrave Macmillan, Houndmills and New York, 2003.

URBAN, Josef *Habermannův mlýn [Le moulin d'Habermann],* Grafis, Opava, 2001.

URBAN, Josef Interview, http://kultura.denik.cz/knihy/josef-urban-habermannuv-mlyn20101015.html, 08-06-2011.

CHAPITRE 6

DE L'AFRIQUE AUX AFRIQUES: LES USAGES DE LA GEOGRAPHIE EN HISTOIRE/VERS UNE CARTOGRAPHIE DE L'HISTOIRE NOIRE

Sarah FILA-BAKABADIO (Université de Cergy-Pontoise – CICC/CENA/MASCIPO/EHESS, Paris)

Les récits historiques se font aujourd'hui transnationaux. Ils ouvrent vers des analyses comparées entre plusieurs territoires et plusieurs peuples. L'étude des populations africaines et afro-descendantes s'est particulièrement imprégnée de cette tendance au point de voir apparaître des modèles qui en ont peu à peu redéfini le sens. L'ancienne différenciation des études africaines et afro-descendantes suivant la géographie des continents a laissé place à des croisements entre des histoires nationales et communautaires et à la recherche de continuité entre des cultures noires éparpillées à travers le globe. Ces champs travaillent désormais conjointement le local et le global au point parfois d'initier de nouveaux thèmes de recherche ou de nouvelles méthodologies à l'image des études diasporiques et *africana*, apparues aux États-Unis au début des années 2000[1]. Cette évolution s'était déjà accrue dans les années 1990, lorsque plusieurs modèles historiographiques ont émergé, à l'instar du désormais célèbre, *Black Atlantic* de Paul Gilroy, insistant sur la circulation des hommes, des savoirs et des cultures dans un monde noir transnational. Ces modèles ont ouvert vers de nouvelles lectures des histoires des peuples noirs mais aussi vers une plus grande interaction entre les disciplines historique et géographique[2]. La géographie n'y est plus seulement le

---

[1] Dans le contexte nord-américain, le terme *africana* signifie noir et de descendance africaine.

[2] Paul Gilroy, *The Black Atlantic : Modernity and Double Consciousness*: Harvard University Press, Cambridge, Mass 1993).

contexte physique qui borne le récit historique et le définit comme l'histoire d'une nation, d'un peuple, d'une minorité voire d'une région mais elle fait une histoire globale imaginée à partir d'ensembles transcontinentaux.

Le propos de cet article est d'explorer comment la géographie est peu à peu devenue de plus en plus prégnante en histoire au point d'influencer, si ce n'est de déterminer de nouvelles pratiques historiennes. Il est crucial de comprendre comment la définition d'espaces et de territoires, participe de l'écriture de l'histoire. L'argument est ici de montrer que la géographie est non seulement devenue un élément récurrent des modèles historiographiques contemporains utilisés pour aborder les histoires des populations africaines et afro-descendantes mais qu'elle est devenue un instrument privilégié dans la formation de modèles historiographiques comme l'Atlantique noir ou la diaspora africaine.

J'évoquerais trois aspects de cette évolution. Le premier porte sur la multiplication des paradigmes qui utilisent ou inventent des espaces comme l'Atlantique noir ou la diaspora africaine. Ces derniers se superposent les uns aux autres et parfois entrent en concurrence mais produisent tous des outils méthodologiques désormais mobilisés par beaucoup d'historiens pour rendre compte des trajectoires des populations noires entre le commun et le particulier de leurs expériences. J'argue que, dans le cas de l'Atlantique noir et de la diaspora africaine, leur novation tient pour une grande partie à leur composition de cartographies historiques où le territoire détermine les contenus et les formes du récit historique.

Mon second point concerne la temporalité qui est ici soumise à l'espace. La chronologie devient globale. Elle est étirée en amont et en aval pour englober les expériences de diverses communautés noires incluses dans ces espaces transnationaux nouvellement créés et former de nouvelles représentations des trajectoires des peuples noirs.

Mon dernier commentaire porte sur une conséquence de ces découpages historiographiques : la réévaluation de la place de l'Afrique dans l'histoire mondiale. En repensant les lieux et les temps de l'histoire des peuples noirs, ces modèles obligent à redéfinir le rôle de l'Afrique dans un récit mondial noir.

Comment l'écriture des histoires de ces populations passe-t-elle par la redéfinition de la place de l'Afrique dans l'histoire mondiale ? Parallèlement, ils questionnent le lien entre l'Afrique et ce que l'on appelle aujourd'hui, les Afriques hors d'Afrique (une expression qui désigne de manière large, les histoires, les cultures de populations d'ascendance africaine directe ou ancienne comme la nature de leurs relations passées ou présentes avec le continent).

Mon point de vue sera celui d'une historienne des études afro-américaines qui observe l'évolution d'un champ appelé jusque dans les années 1990, *Black Studies*, et dont l'évolution vers les études dites *africana* et diasporiques reflète cette évolution de l'histoire grâce à la géographie[3].

L'Atlantique noir

Lorsqu'en 1993, *The Black Atlantic* paraît, il semble que la géographie, instrument oublié de l'historiographie noire depuis le milieu du 20ème siècle, fasse à nouveau une entrée remarquée dans le champ de l'historiographie sur les populations noires. Son auteur, Paul Gilroy, un anthropologue britannique, associe l'histoire des Afro-descendants d'Amérique non pas à l'Afrique puis à l'Amérique, comme généralement envisagé, mais à l'océan Atlantique. Influencé par la *World History* et les *Cultural Studies*, successivement apparues entre les années 1950 et 1970 et par sa formation au sein de « l'école » de Birmingham menée par l'anthropologue jamaïcain Stuart Hall, Gilroy cherche, lui aussi, à écrire un récit multilocalisé et multipolaire révélant les "routes" (Clifford, 1997) qui ont modelé les identités et les cultures des communautés afro-américaines. Dans cet essai, où la musique illustre de manière prégnante la continuité culturelle entre ces communautés, Gilroy propose un modèle théorique qui rassemble les expériences des populations des « Amériques noires » (Roger

---

[3] *Africana* est un terme relativement vague, apparu dans les départements d'études afro-américaines au début des années 1980. Il s'applique à toutes les populations noires et signifie, dans ce contexte, « d'origine ou de descendance africaine ».

Bastide, 1967) dans un espace unique : l'Atlantique[4]. Il dépasse les travaux de ses prédécesseurs et de ses collègues qui, à l'instar de Richard et Sally Price, travaillent eux sur un lieu donné ou une région comme la Caraïbe ou les Etats-Unis. Gilroy choisit de former un paradigme singulier qui inclut l'ensemble de ces histoires dans un espace intermédiaire : l'océan. L'Atlantique devient la matrice d'expériences historiques, culturelles et identitaires afro-descendantes nées de la traite transatlantique. Il est un espace qui remet en question les histoires nationales, trop étroites pour les trajectoires des populations afro-descendantes. En cela, l'ouvrage de Gilroy est une nouveauté dans le paysage scientifique qui, jusqu'ici, considérait l'Atlantique en termes de passage d'un lieu vers un autre, d'un état vers un autre ou d'une culture vers une autre. Avec *The Black Atlantic*, l'Atlantique n'est plus le « passage du milieu » (*middle passage*) mais une *« unité d'analyse complexe »* où se font et se défont les identités[5]. Pour Gilroy la spécificité de ces identités noires vient précisément dans l'Atlantique. Elles s'y croisent, s'y mélangent pour créer de nouvelles formes. Gilroy pense l'histoire en termes rhizomatiques. La continuité culturelle est intimement liée à l'interaction des cultures. De ce fait, il refuse l'idée d'authenticité comme les conceptions essentialistes qui envisagent l'histoire des Noirs d'Amérique uniquement à travers leurs migrations premières d'Afrique en Amérique et rejette tout autant le thème du « retour » vers l'Afrique, porté depuis le milieu du 19e siècle par des activistes politiques afro-américains et caribéens comme Marcus Garvey ou Martin Delany.

---

[4] Voir également la définition des Amériques noires proposée par Denys Cuche : « Le terme d'Amériques noires désigne l'ensemble des régions du Nouveau Monde qui ont été culturellement marquées par la présence massive d'esclaves africains et de leurs descendants. Que ce soit en Amérique du Nord, en Amérique centrale, en Amérique du Sud ou dans l'archipel des Caraïbes, un même héritage historique, l'esclavage et le système de plantation, a abouti à une certaine unité, par-delà leur diversité, des Amériques noires, tant sur le plan social que culturel », 'Les Amériques noires dans l'anthropologie et la sociologie françaises depuis *Les Amériques noires* de Roger Bastide (1967)', *Bastidiana,* 13-14, p. 119.

[5] Cette expression désigne communément le voyage des esclaves de l'Afrique vers l'Amérique.

De cette conception spatiale de l'histoire, découle un autre concept, cette fois-ci plus clairement expliqué par Stuart Hall dans son livre *Routes* (1997) et intimement lié à la géographie : il s'agit de la dichotomie entre *roots* (racines) et *routes* (les routes) : les racines supposent un ancrage et l'identification à un lieu spécifique souvent circonscrit : un pays, une région, une ville voire un quartier. Les routes évoquent elles la migration et les trajectoires. Par la métaphore du bateau (*ship*), l'Atlantique en devient l'incarnation la plus probante de redéfinition d'une histoire noire écrite à travers la circulation des hommes et des cultures. L'espace n'est plus une transition entre des histoires africaines et américaines mais le lieu même où l'histoire se fait. De ce fait, Gilroy se réfère assez peu aux continents. L'Afrique est certes en toile de fond de l'histoire qu'il raconte mais elle ne semble jamais influencer la trajectoire des Noirs hors d'Afrique. L'Afrique appartient à une antériorité à l'histoire transatlantique qu'il compose. Il en va de même pour l'Amérique qui incarne elle le présent. Elle est un lieu ou les populations déplacées sont implantées voire un contexte dont l'impact sur les cultures africaines des esclaves est pondéré par la multiplicité des influences qu'elles y rencontrent (indiennes, européennes ou asiatiques). Dans le chronotope de l'Atlantique noir, les territoires africains et américains disparaissent donc au profit d'un espace apparemment vide : la mer. Cette translation de la terre à la mer, s'accompagne d'un glissement disciplinaire : l'histoire se fait et se lit de plus en plus à travers l'étude des déplacements (populations, cultures et idées).

Paul Gilroy parvient à dessiner une cartographie historique singulière entre l'Amérique, l'Afrique et l'Europe pour revendiquer la diversité des cultures produites dans l'espace atlantique. Il aborde les thèmes de la créolisation et surtout de l'hybridité pour écrire une histoire circum-atlantique, c'est-à-dire pour envisager les histoires des communautés ensemble comme un tout voire comme une unité.

La diaspora africaine

La diaspora africaine est un autre modèle aux frontières glissantes qui décrit les expériences des peuples afro-descendants à travers une seule unité. Cette idée est ancienne puisqu'elle est apparue dès le milieu du 19e siècle, sous la plume d'auteurs et de défenseurs de la cause noire aux États-Unis comme W. E. B. Du Bois, initiateur de la première encyclopédie africana dédiée au monde noir en 1962. Proche du panafricanisme, elle qualifiait déjà la présence noire hors d'Afrique. En cette ère post-Emancipation des Noirs, les apôtres du retour des Africains-Américains en Afrique (*Back to Africa Movement*) comme Alexander Crummell, Martin Delany ou Marcus Garvey ne désignaient pas les Africains-Américains comme des Américains mais comme des Africains dont la seule terre d'origine était l'Afrique.

Au début du 20e siècle, des auteurs et des historiens, comme St Clair Drake et Alain Locke, penseur de la Renaissance de Harlem et du concept de *New Negro,* écrivaient déjà l'histoire en termes globaux. Les histoires des Afro-Américains, des Africains comme des Afro-Européens s'intégraient dans un récit à la chronologie unique, et à une géographie déterritorialisée. Lorsque Locke rédige *Le rôle du nègre dans la culture américaine*, il travaille déjà, en ce début des années 1940, une chronologie à plusieurs bandes qui utilise le local, le global, le national et le transnational, comme des instruments de la connaissance. Il superpose les histoires des communautés afro-américaines, afro-caribéennes, afro-brésiliennes et les insère dans un continuum de l'histoire noire. La terre, un élément physique délimité par une topographie, des frontières est supplantée par un espace infini, englobant les lieux de la présence noire.

Pendant plusieurs décennies, cette notion a disparu au profit d'une multiplication des études africaines, afro-américaines et caribéennes, chacune représentant la voix d'un peuple ou d'une communauté. La diaspora africaine est d'abord réapparue aux États-Unis, dans les années 1960, dans le sillage des départements de *Black Studies*. Les *Black Studies* furent créées au sortir du mouvement pour les droits civiques et des protestations nationalistes noires, pour représenter l'histoire des Noirs – principalement descendants d'esclaves - aux États-Unis. Sur les traces de la *World History*, l'histoire afro-américaine est à la fois le récit du destin particulier d'une minorité américaine et celui d'un peuple noir connecté à d'autres grâce à son identité afro-descendante. L'expression diaspora africaine désigne cette double appartenance historique et territoriale. Elle devient même un prisme pour examiner « la dispersion globale (volontaire ou involontaire) des Africains à travers l'histoire, l'émergence d'une identité culturelle en dehors de son contexte social d'origine et le retour psychologique ou physique à la terre des origines, l'Afrique » (Harris, 1993, p. 3). Comme le note Robin D.G. Kelley dans « How the West Was One The *African Diaspora* and the Re-Mapping of US History » (Kelley, 2002), l'histoire américaine et particulièrement afro-américaine s'écrit alors à travers ses liens avec d'autres lieux de la présence noire.

La diaspora africaine permet de constituer des récits travaillant un phénomène et ses multiples formes en différents lieux, de relever la diversité des cultures et d'explorer les permanences culturelles préservées d'un continent à l'autre (Manning, 2005, 2010). Plusieurs historiens de l'histoire globale comme Philip Curtin, historien de la traite négrière et auteur de *Cross-Cultural Trade in World History* (1984) et Patrick Manning, auteur de *Navigating World History* ou Benedict Anderson (1991), auteur de *Imagined Communities,* avaient eux aussi, développé les thèmes de la mobilité des cultures, des identités et des idées à travers l'histoire et la géographie pour transformer l'espace et le territoire en révélateurs de pratiques similaires identiques (Curtin, 1984 ; Manning, 2003). La diaspora africaine ajoute à ces études comparatives une globalisation des expériences noires qui, analysées synchroniquement et diachroniquement à travers ce prisme, insiste sur l'unité culturelle de populations noires parfois plus que sur la diversité de leurs parcours.

De plus, sémantiquement, la diaspora africaine signifie une appartenance inaltérable et indéfinie à l'Afrique de populations dont les migrations les ont éloignées de leur terre d'origine. Être afro-descendant n'est donc pas seulement souligner la trace d'un passé africain mais vivre ses origines africaines au quotidien et pouvoir se sentir chez soi en Afrique.

La diaspora africaine sert régulièrement à dépasser le thème de l'Atlantique noir (Chivallon, 2009). L'étude de l'histoire des peuples noirs à travers leurs échanges culturels et sociaux, apparaît comme un préalable à la recherche de points communs ("*commonalities*") dans les cultures noires. Elle représente une nouvelle étape qui ne valorise plus seulement les liens entre différents continents et différentes communautés mais définit un espace où l'Afrique sert de pôle giratoire autour duquel les expériences des peuples noirs évoluent (Harris, 1993, Shepperson, 1993, Edwards, 2001). La cartographie de la diaspora africaine est relativement floue, tant géographiquement qu'historiquement et anthropologiquement. Espace sans limites qui s'étend chaque fois que la présence d'une population noire est découverte en un nouveau lieu, elle est un espace d'identification pour nombreux Afro-descendants d'Amérique et d'ailleurs. Plus qu'une histoire et le rattachement à un lieu des origines, elle dit un sens d'une appartenance à un monde noir, à un groupe défini comme les descendants d'Africains. On n'est alors plus uniquement africain-américain, le membre d'une communauté minoritaire dans un pays donné mais dans un ensemble global noir.

Contrairement à l'Atlantique noir, la diaspora africaine n'est pas seulement un modèle explicatif. Elle est aussi une manière de repenser l'histoire à travers l'espace pour justifier les appartenances plurielles de nombreuses populations afro-descendantes comme le désir d'appartenance continue à un espace choisi : l'Afrique. Se dire membre de la diaspora africaine signifie s'identifier à un espace transnational comme à un lieu des origines ou de mémoire et revendiquer la spécificité de son expérience afro-américaine, afro-européenne, afro-asiatique. En ce sens, la diaspora africaine qualifie le va-et-vient éternel des Afro-descendants entre la terre et le lieu des origines et sert à expliquer les "migrations interrompues" (Kelley & Patterson, 2000) de Noirs d'Amérique, toujours en butte avec leur double conscience.

Les modèles afrocentristes

D'autres conceptions utilisent la géographie pour réécrire une histoire noire globale correspondant à leurs représentations contemporaines de l'héritage africain des Afro-descendants d'Amérique. C'est le cas des acceptions afrocentristes. Apparues au milieu des années 1960 parmi les nationalistes culturels, les afrocentrismes sont un ensemble de théories et de pratiques qui formalisent le retour - symbolique ou effectif - des Afro-descendants en Afrique. Ces lectures sont souvent radicales et partagées par un petit nombre d'historiens, pour beaucoup installés aux États-Unis et initialement issus des études afro-américaines. Leurs auteurs postulent que les Noirs d'Amérique sont des Africains d'Amérique et non des Afro-descendants, en quête de traces de leur héritage africain. Le propos de leurs travaux, pour la plupart universitaires, est de démontrer la prégnance de cette identité et d'écrire l'histoire d'un point de vue dit « africain » (Keto, 1989). L'objectif des afrocentrismes est de placer l'Afrique [et les descendants d'Africains] au cœur de l'histoire mondiale pour que l'Afrique ne soit plus un objet d'étude, mais devienne le point de départ de la réflexion noire. Les afrocentristes pensent pouvoir, grâce à leur perspective centriste, écrire des discours « à partir de » l'Afrique et non plus des discours « sur » l'Afrique.

Avec les afrocentrismes, la carte devient un enjeu de pouvoir et de hiérarchisation des peuples et des cultures. Son agencement, la délimitation d'espace, la sélection des lieux de sens et de mémoire deviennent l'objet de l'histoire. La découverte de continuités culturelles ou de points communs sociaux, comme envisagés avec la diaspora africaine, laisse place à une recherche systématique de lieux signifiants d'une histoire noire glorieuse à laquelle tout Noir peut s'identifier. Chaque lieu symbolise un moment de l'histoire africaine devenue mondiale.

Les afrocentrismes utilisent la géographie pour inventer une cartographie historique construite sur l'alternance entre un espace circonscrit, le continent africain – défini par ses frontières physiques et politiques - et la diaspora africaine aux délimitations imprécises. Ils construisent l'histoire à travers un va et vient entre ce centre et cette périphérie. Une large part de leurs travaux s'intéresse à la définition du centre qui fut, pendant des siècles l'Europe, dont l'influence a modelé le monde. Ils espèrent par leurs travaux démontrer que l'Afrique fut le premier centre de l'histoire mondiale, rejetant l'Europe à la périphérie (Nantambu, 1996)[6]. L'histoire et l'historiographie auraient donc pour but de « positionner l'Afrique comme le lieu du commencement [de l'histoire] pour les personnes de descendance africaine ». Elle démontrerait que l'Afrique est « le centre [...] à partir duquel on peut bâtir une narration, une analyse de l'expérience des peuples de descendances africaine sur les trois continents » (Keto, 1989, p.1).

Les afrocentrismes segmentent aussi l'Afrique en espaces de sens. Certaines régions ou certains pays deviennent des lieux de mémoire aux dépens d'autres. L'Égypte symbolise la grandeur égyptienne, le Ghana incarne les indépendances africaines et l'Afrique du Sud illustre la ségrégation raciale. Le reste de continent semble absent de l'histoire. En outre, les afrocentrismes réifient le rôle de la terre physique comme lieu d'ancrage de la mémoire puisqu'ils se focalisent à la fois sur le continent africain, symbole de l'histoire mondiale, et sur quelques régions qui en illustrent des moments. La délimitation de l'espace s'apparente alors à un jeu de recomposition de la chronologie africaine. Les lieux et les moments de l'histoire sont déplacés, organisés et interprétés. La terre n'est plus un contexte pour l'histoire mais elle en est l'un des instruments. Son découpage est une première étape de l'écriture de l'histoire. Il implique une sélection des lieux de sens qui s'insèrent dans des discours afrocentristes formés à l'avance. En outre, la délimitation des espaces sert aussi à attester de la véracité des propositions afrocentristes. Les historiographies afrocentristes ne feraient que rendre compte de pans de l'histoire africaine méconnus ou étudiés jusque là d'un point de vue eurocentriste. L'Égypte justifie donc les discours sur l'identité africaine des Égyptiens anciens et l'existence de discours afrocentristes sur la grandeur noire est justifiée par l'histoire de la civilisation égyptienne.

---

[6] « [...] thus, Europe has become the SUBJECT of world history, while Afrika has become the OBJECT of world history, albeit, HIS-STORY, HIS-racist-Eurocentric-STORY », Kwame Nantambu, *Egypt and Afrocentric Geopolitics: Essays on European Supremacy*, Imhotep Publishing Co., Kent, 1996, p. 2.

Les modèles afrocentristes pensent l'histoire en termes de représentation plus que de contenus. Ils cèdent à une forme de présentisme (Hartog, 2003) où l'histoire et la géographie s'adaptent à l'identité et aux intentions de celui qui écrit au point, parfois, d'en déterminer les contenus.

La prégnance de ces trois modèles dans le champ historiographique tient pour partie à leurs usages de la géographie, à la définition de nouveaux espaces de sens qui nous oblige, nous, historiens, à la fois à reconsidérer nos objets de recherche à travers la circulation des hommes, des cultures et des identités et à penser l'histoire en termes transnationaux. Dès lors, la géographie devient un instrument de construction du discours historique et d'identification de chaque modèle historiographique.

Mémoire et mobilités temporelles

Puisqu'ils redéfinissent ou créent des espaces géographiques, ces modèles d'historiographie noire obligent également à repenser d'autres composantes de l'histoire.

Une première observation est que le glissement du local vers le transnational s'accompagne d'une réévaluation de la chronologie. Où et quand commencent les histoires des Afro-descendants d'Amérique ? Lorsque les esclaves africains entament la traversée de l'Atlantique? À leur arrivée en Amérique ? Si cette question est un linéament des histoires afro-descendantes, il reste que la définition d'un ordre du temps (Pomian, 1987), c'est à dire sa définition diachronique et synchronique, a également été transformée par l'usage de la géographie. On ne parle plus uniquement d'histoire des Noirs aux États-Unis, au Venezuela ou au Brésil mais d'histoires afro-descendantes liées les unes aux autres par l'expérience de la traite transatlantique comme par leurs liens culturels et identitaires anciens avec l'Afrique. L'objet est de former un récit à la temporalité unique notamment par l'étirement de la chronologie, en amont (en incluant l'histoire de l'Afrique depuis l'antiquité voire l'apparition de l'homme). On insiste sur la durée pour interroger un vécu noir. Le travail de l'historien porte alors moins sur les lignes de failles et les ruptures entre les trajectoires des peuples noirs que sur les formes de la permanence. Cela suppose une nouvelle expérience du temps (Hartog, 2009) qui est découpée suivant des unités géographiques transnationales (l'Atlantique noir, la diaspora africaine, le monde) qui se superposent les unes aux autres. La chronologie reflète alors l'absence de bornes. Le temps se conforme à l'espace. Il devient mobile, voire labile, suivant les appartenances multi-localisées, les migrations des hommes, des cultures et des savoirs. En outre, les historiens relèvent une manière de faire de l'histoire caractéristique de ce champ, mettant l'accent, (selon leurs champs et domaines de recherche), sur le changement de temporalité. On notera que les remarques faites au sujet de la *World History* peuvent s'appliquer aux modèles mentionnés précédemment. En histoire globale comme en historiographie noire, le changement d'échelle géographique oblige à penser conjointement le temps et sa représentation. Comme le notait François Hartog en 2009, cet allongement du temps se construit aussi en termes de représentation au présent de l'histoire. L'histoire est formée par le regard de l'historien mais aussi, dans le cas des études diasporiques noires, par les lieux d'où il parle et dont il parle. Sans aller jusqu'au déterminisme afrocentriste qui veut qu'un historien soit prisonnier de ses origines « africaines » ou « européennes » proches ou lointaines, tous les modèles précités ont en commun de repenser le temps grâce à leur décentrement. Paul Gilroy parle des histoires afro-descendantes depuis l'océan atlantique, d'autres, comme Michael Gomez (1998), évoquent la diaspora africaine à partir du sud des États-Unis. Ce déplacement du point de vue engendre de nouvelles manières de faire et de voir des faits et des moments historiques souvent abondamment étudiés.

De même que lorsque Philippe Minard et Caroline Douki (2007) expliquent que la *World History* se caractérise par le mouvement de l'histoire du national vers le global et par la mise en réseaux d'histoires nationales et locales qui deviennent des « histoires connectées », on retrouve ce même mouvement dans les historiographiques noires. On parle d'ailleurs aujourd'hui d'Afriques hors d'Afrique ou comment la délocalisation des cultures et des identités marque un déplacement d'une même histoire plus que la fondation de nouvelles. Les Afriques sont alors des variations extra-territoriales d'une même histoire.

Nous devons comprendre que l'étirement de la chronologie accompagne, voire répond à, une demande de complémentation de la mémoire depuis longtemps formulée par diverses communautés afro-descendantes d'Amérique. Ces dernières tentent de dépasser le temps de l'esclavage pour construire un récit représentatif de leurs identités et cultures plurielles, englobant à la fois la mémoire de l'esclavage et une mémoire africaine tout en reconnaissant les liens continus qu'elles entretiennent entre elles. En ce sens, et suivant l'expression de Henri Rousso, on assiste à une globalisation des rapports au passé qui est, à la fois, liée à « l'émergence d'un nouvel espace public mondial » (ici l'Atlantique noir ou la diaspora africaine) et la « mise en évidence de temporalités comparables » (soit dans le cas des Afro-descendants, des histoires interrompues en amont par la traite transatlantique) (Rousso, 5). Dans ce contexte, la géographie supporte aussi la formation de communautés imaginées, selon l'expression de Benedict Anderson, où les appartenances se dédoublent sur plusieurs lieux pour dire la continuité des identités et des cultures comme le lien renouvelé à la terre des origines.

Le linéament de ces pratiques et ces interprétations de l'histoire par la géographie est non seulement le décloisonnement des espaces mais un travail historiographique sur une chronologie flexible et des espaces mouvants, définis par la pensée et non par la topographie. Le changement d'échelle du local au transnational favorise non seulement l'émergence d'histoires connectées mais de récits à la temporalité propre qui, dans certains cas, détourne l'attention de l'historien des lieux définis (comme les continents ou les pays) pour porter sur des espaces intermédiaires devenus des objets d'étude à part entière, à l'image, encore une fois, de l'Atlantique noir de Paul Gilroy.

La place de l'Afrique ?

La formation de ces récits hors d'Afrique mais cependant connectés au continent pose une dernière question : quelle est sa place dans ces nouveaux espaces ? Et qu'y représente-elle?

La place de l'Afrique dans l'histoire est soumise à deux grandes tendances qui apparaissent dans le sillage des modèles précités. La première est d'inscrire l'Afrique dans un espace global où elle n'a pas de prévalence particulière pour former les histoires afro-descendantes. L'Afrique est au même niveau que l'Amérique ou l'Europe dans la formation des identités et des cultures afro-descendantes. Pourtant cela ne signifie pas niveler l'histoire mais penser les territoires sans les hiérarchiser. Cela signifie en quelque sorte, rebattre les cartes de l'histoire, remettre à plat les images et les imaginaires d'Afrique pour repenser leurs relations passées et présentes. On retrouve ici la posture de Paul Gilroy qui, même s'il reconnaît le terme « afro-descendant » comme signifiant pour désigner les communautés noires situées hors d'Afrique, n'attribue pas de place particulière au « Continent » dans son modèle. Ce qui caractérise les Noirs d'Amérique n'est donc pas leur racine africaine mais leurs identités créolisées. Dans l'Atlantique noir, l'Afrique sert de point de départ de la migration forcée des esclaves. Elle n'est qu'un commencement de l'histoire et non le cœur du récit. Elle perd alors la fonction de territoire-racine, célébrée dans de nombreux écrits, notamment produits par des Africains-Américains aux États-Unis depuis le 19e siècle (Alexander Crummell et Edward Wilmot Blyden, parmi d'autres). Le propos est ici d'éviter la cristallisation de l'Afrique en une terre mère, un lieu d'un passé glorieux opposé à un présent américain fait de souffrances et de discrimination comme le proposent notamment les tenants des afrocentrismes universitaires. Une des limites de cette posture est cependant d'ignorer l'Afrique comme lieu premier de construction et de mutation des cultures afro-descendantes soit la complexité des identités sociales des futurs esclaves ou les relations de pouvoir entre les peuples et les royaumes. Enfin, du point de vue de la pratique historiographique, cette démarche de l'Atlantique noir oblige à repenser les histoires des transatlantiques noires en dépassant le thème désormais classique du retour en Afrique pour, à la fois, observer les liens créés entre communautés afro-descendantes et pour travailler des espaces auparavant jugés intermédiaires voire inexistants dans l'histoire. L'Afrique est alors une pièce d'un puzzle géographique qui permet d'appréhender la nébuleuse des réseaux humains, sociaux et culturels noirs formés entre l'Afrique, l'Amérique et l'Europe.

À l'inverse de l'Atlantique noir et comme la sémantique le laisse apparaître, le modèle de la diaspora africaine réitère l'importance de la territorialité africaine dans l'histoire puisque l'Afrique retrouve - ou conserve - une fonction de centre d'un espace afro-descendant, relié à elle par des rhizomes culturels, identitaires ou sociaux. Elle en est le cœur, souvent contraint dans le rôle de lieu des origines. Elle est une référence à une histoire lointaine pour nombre d'Afro-descendants au point d'être parfois figée dans le temps et dans l'espace comme la « terre mère » (*motherland*). L'Afrique reprend alors la fonction de lieu de mémoire et de berceau des cultures noires que lui avaient déjà attribué certains nationalistes classiques des 19e et 20e siècles comme Edward W. Blyden et les tenants du retour vers l'Afrique comme Marcus Garvey. Cette Afrique, centre d'un monde noir, incarne un commun de l'héritage pour tout Afro-descendant. Les frontières physiques du continent, borné par deux océans, ajoutent d'ailleurs à cette définition de l'Afrique comme un territoire-racine. Notamment utilisées par nationalistes culturels des années 1960 et par les afrocentristes, elles délimitent à la fois un passé mais aussi un territoire réservé aux peuples noirs. Marcus Garvey ne disait-il pas l'Afrique aux Africains et l'Europe aux Européens (Garvey, 1930).

La nouveauté vient de l'expression les « Afriques hors d'Afriques », apparue dans le champ des études africaines en France au début des années 2000. Cette notion s'appuie elle aussi sur la géographie pour représenter un monde noir, alternant entre un centre (le continent africain) et une périphérie (les Afriques). Il s'agit ici plus d'une délocalisation des identités et des cultures qui, par les migrations, fondent de nouvelles communautés africaines. En ce sens, on s'intéresse plus aux migrants africains qu'à leurs descendants aux identités créolisées.

Le point commun entre ces trois visions, est de travailler les histoires africaines et afro-descendantes sous le prisme de l'interaction et des échanges entre des peuples et des communautés implantés sur différents continents. La géographie est soit lue comme un obstacle à franchir soit comme la source de nouvelles cultures.

Des géographies historiques

La géographie sert l'histoire pour construire et repenser la chronologie en moments signifiants associés à un lieu, à un espace voire à une communauté. Les modèles comme l'Atlantique noir et celui de la diaspora africaine inventent des cartographies historiques où les lieux et les espaces englobent plusieurs expériences et trajectoires humaines et créent une géographie culturelle où le territoire est remplacé par l'espace. L'intérêt de ces propositions et, à travers elles de l'historiographie transatlantique noire est de ne plus considérer la géographie comme une donnée mais comme un élément dynamique du récit historique voire un élément déterminant qui lie les expériences des peuples.

Bibliographie sélective

ANDERSON, Benedict R. O'G. *Imagined Communities Reflections on the Origin and Spread of Nationalism.* ed., Verso, London, 1991.

BASTIDE, Roger, *Les Amériques noires*, Petite Bibliothèque Payot, Paris, 1967.

CLAVAL Paul & Jean-François Staszak, "Où en est la géographie culturelle ? Introduction", *Annales de géographie*, n. 660-661, 2008, pp. 3-7.

COSGROVE Denis, 'Cultural Cartography: maps and mapping in cultural geography', *Annales de géographie*, n. 660-661, 2008, pp.159-178.

CHIVALLON, Christine. 'La diaspora noire des Amériques'*L'Homme*, n°. 161, 2002, pp. 51-74.

CUCHE Denys (dir.), "Les Amériques noires dansl'anthropologie et la sociologie françaises depuis *Les Amériques noires* de Roger Bastide (1967)", *Bastidiana*, n. 13-14, 1996.

EDWARDS, Brent, Brent Hayes. ' The Uses of Diaspora'. *Social Text* 19, n' 1 pp. 45-73., 2001,

GARVEY Marcus, 'Claims of Africa', un discours reproduit dans *The Philosophy and Opinions of Marcus Garvey or Africa for the Africans*, sous la dir. de Amy J. Garvey,: Universal Publishing House, vol. I, New York 1986, (1930), p. 32.

GILROY, Paul, *The Black Atlantic : Modernity and Double Consciousness*, Harvard University Press, Cambridge, Mass, 1993.

Gomez, Michael A., *Exchanging Our Country Marks: The Transformation of African Identities in the Colonial and Antebellum South*, Chapel Hill, University of North Carolina Press, 1998.

HARRIS Joseph E., African Diaspora Studies Institute, et *Global Dimensions of the African Diaspora*. Howard University Press, Washington D.C, 1993 (1982).

HARTOG François, Régimes d'historicité *: Présentisme et expériences du temps*. Seuil, Paris, 2003.

HARTOG François, 'De l'histoire universelle à l'histoire globale?' Expériences du temps', *Le Débat*, v. 2, n. 154, 2009, pp. 53-66.
HANCHARD, Michael George. 'Black Transnationalism, Africana Studies, and the 21st Century', *Journal of Black Studies,* v. 35, n. 2, pp. 139-153, 2004,.
KELLEY Robin D. G., 'How the West Was One The *African Diaspora* and the Re-Mapping of US History', in Thomas Bender (sous la dir.), *Rethinking American History at a Global Age*, University of California Press, pp. 123-147. Berkeley, 2002,
KELLEY Robin D. G. et Tiffany Ruby Patterson. ' Unfinished Migrations: Reflections on the African Diaspora and the Making of the Modern World', *African Studies Review,* v. 43, n. 1, pp.11-45, 2000,.
KETO C. Tsehloane, The African Perspective of History and Social Sciences in the 21st Century, Publications, Blackwood, K. A. 1989.
LOVEJOY, Paul E., et David V. Trotman. *Trans-Atlantic Dimensions of Ethnicity in the African Diaspora.* Leicester University Press, 2004.
MANNING Patrick, *World History: Global and Local Interactions*, Markus Wiener Publishers, Princeton, 2005.
MANNING Patrick, *The African Diaspora: A History through Culture*, New York, Columbia University Press, 2010.
NANTAMBU Kwame, *Egypt and Afrocentric Geopolitics: Essays on European Supremacy*, Imhotep Publishing Co., Kent, 1996.
POMIAN, Krzysztof. *L'ordre Du Temps*. Bibliothèque des histoires, Gallimard, Paris, 1984.
ROUSSO Henri, 'Vers une mondialisation de la mémoire', *Vingtième siècle*, v. 94, n. 2, 2007, pp. 3-10.
SHEPPERSON George, ' African Diaspora : Concept and Context', in Joseph E. HARRIS, African Diaspora Studies Institute, et Harris, Joseph E. *Global Dimensions of the African Diaspora.* Howard University Press, Washington, D.C, 1993 (1982).

SIMONSEN, Gunvor. 'Moving in Circles: African and Black History in the Atlantic World' *Nuevo Mundo Mundos Nuevos*, 19/09/2008
http://nuevomundo.revues.org/42303.

CHAPITRE 7

ETAT ET COMMUNAUTES FACE AUX STRATEGIES INDIVIDUELLES D'APPROPRIATION DES TERRES TRIBALES EN ALGERIE

Brahim BENMOUSSA (Université d'Alger 2)

En Algérie, la terre reste profondément marquée par l'intervention permanente de l'Etat qui a proclamé dans les textes fondateurs de la guerre de libération son choix pour le socialisme et qui a opté dès l'indépendance en 1962 pour un mode de gouvernance mettant en avant sa propriété exclusive des terres des ex-colons situées dans la partie la plus fertile du pays et occupant les plus grandes superficies. Plusieurs réformes agraires se sont succédé sans qu'une option libérale franche puisse mettre fin au statut des terres publiques dont les terres tribales font justement partie à travers un statut ambigu.

Le point de départ de la réflexion développée ici repose sur l'hypothèse générale disant que la domination mondiale du capitalisme a influé de façon notable sur les modalités récentes d'appropriation et d'exploitation des terres tribales en Algérie par l'introduction de référents et de comportements où les notions de profit et d'individualisme tiennent une place importante et où les intérêts des individus priment souvent sur ceux de la tribu. La présente réflexion repose également sur l'existence d'un paradoxe remarquable : le cas unique où la terre appartenant à l'État a été privatisée depuis l'indépendance est celui des terres tribales (ou terres Arch[1] malgré leur double verrou de propriété inaliénable de l'État et de propriété sacro-sainte de la tribu.

[1] En arabe dialectal algérien, le mot *Arch* signifie à la tribu et le terme» terres Arch » dans le droit foncier algérien signifie la terre tribale

Profondeur historique de la propriété collective des terres tribales.

Les terres *Arch* forment un ensemble dont la délimitation et la définition exactes sont souvent difficiles à établir compte tenu des réalités sociologiques et géographiques diverses qu'il recouvre.

Dans la steppe algérienne, territoire tribal par définition, outre les terres agricoles (environ un million d'hectares) dont le statut juridique est relativement clair (terres privées et coopératives individuelles et collectives relevant du domaine de l'Etat), il est possible de classer la partie restante des terres, de loin la plus importante[2] du point de vue de la superficie, en quatre catégories se rattachant toutes au vaste domaine englobé sous le vocable de terres *Arch* :

i) Les terres à usage agricole exploitées par des familles au nom de la tribu selon des modalités traditionnelles anciennes.

ii) Les terres de parcours pouvant être rattachées à une ou plusieurs tribus;

iii) Les espaces communs à usage agro-pastoral (avec la céréaliculture comme activité agricole essentielle) partagés entre plusieurs tribus et douars;

iv) Les couloirs de transhumance.

Aussi, l'immense pays qu'est la steppe algérienne, « le pays d'Abel » pour reprendre Émile Dermenghem constitue une mosaïque de territoires de tribus dont les noms évoquent pour certaines des moments forts de l'Histoire de l'Algérie.

C'est dans la seconde moitié du 19ème siècle que les pouvoirs coloniaux français ont mis en place l'arsenal juridique qui allait permettre l'identification physique et juridique des territoires

[2] La steppe recouvre selon le cas une superficie de 20 à 23 millions d'hectares en se référent à l'isohyète de 300 mm. (Intégration de superficies au nord) ou une superficie de 20 à 36 millions d'hectares en se référent à l'isohyète de 100 mm. (Intégration de superficies au sud)

tribaux[3]. Si cet outillage juridique a porté le premier coup de semonce à la tribu en modifiant ses fondements territoriaux, des différences méritent d'être relevées à ce sujet entre le nord d'une part et les zones steppiques et le Sahara d'autre part. Au nord où se trouvent les terres les plus fertiles, la dépossession juridique des tribus et l'institution de la propriété privée individuelle en faveur des colons s'est déroulée de façon systématique, alors que les terres de parcours situées dans les zones arides du Sud, peu rentables, furent classées pour la plupart comme terres domaniales et affectées à des tribus qui purent y exercer un droit de jouissance. Ce droit de jouissance qui ne signifiait nullement un droit de propriété juridique ou d'autonomie administrative a permis cependant de maintenir à la fois le sentiment d'appartenance à une tribu, l'identification à un territoire ainsi qu'une forme de propriété collective symbolique.

La propriété collective des terres tribales dans les zones arides perdura ainsi jusqu'après l'indépendance et aucune réforme agraire n'a entamé ses fondements de base et les terres de parcours appartenant officiellement au domaine public, continuaient comme à l'époque coloniale d'être gérées au quotidien par des tribus, auxquelles la loi française les rattachaient.

C'est au milieu des années 1980, à la faveur de la privatisation de l'économie entamée à l'époque dans un contexte de mondialisation, à la faveur aussi de l'installation progressive de nouvelles normes plus ou moins proches de l'économie de marché que les terres communautaires des tribus ont connu des formes d'appropriation anomique qui ont modifié considérablement l'ordre en vigueur depuis une période très ancienne.

---

[3] En particulier le sénatus-consulte de 1863 et la loi Warnier de 1873 qui ont donné lieu au découpage des terres et leur affectation à des tribus formellement identifiées.

Les années 1980/90 : un tournant dans l'exploitation des terres tribales

L'État en promulguant en 1983 un texte juridique (la loi sur l'accession à la propriété foncière par la mise en valeur, dite APFA) allait ouvrir la voie à l'appropriation individuelle des terres Arch à des fins agricoles. Cette loi qui permet de détenir en toute propriété et au dinar symbolique la terre à l'issue de sa mise en valeur[4]constitua un moment déterminant dans l'histoire des terres tribales. Elle a en effet, donné lieu à l'institutionnalisation d'un mode d'appropriation privative spécifique et inédit en Algérie qui a touché pour la première fois les terres du domaine privé de l'État et qui a coïncidé avec le processus de libéralisation de l'économie algérienne, en gestation depuis le début des années 1980.

A l'ombre de cette disposition institutionnelle, des modèles informels d'appropriation individuelle des terres tribales à des fins agricoles ont vu le jour.

Par ailleurs lorsque la voie de la privatisation des terres tribales fut ouverte par l'État, l'absence de ce même État pendant la crise sécuritaire des années 1990 sur le territoire vaste et souvent hostile qu'est la steppe a favorisé une autre forme d'appropriation des terres tribales, celle de la mise en défens privée destinée au pacage des troupeaux.

Dans la même logique mais sur un autre registre, le système de crédits alloués aux agriculteurs dans le cadre d'un plan national de développement agricole au budget élevé (environ 8 milliards de dollars) au début des années 2000 a favorisé à son tour l'appropriation individuelle des terres tribales à travers le

[4] Les statistiques du ministère algérien de l'agriculture indiquent que depuis son application, l'APFA a donné lieu à l'attribution de 686.000 hectares de terres incultes dont 300 000 hectares ont été mis en valeur par 106.000 bénéficiaires.

[4] Le titre de propriété est une condition nécessaire pour l'obtention des crédits et subventions alloués dans le cadre de ce plan.

titrage « anarchique » de parties importantes de ces mêmes terres[5],

Tout se passe dès lors comme si le fait d'annihiler la propriété collective traditionnelle d'un territoire à travers l'appropriation individuelle d'une partie de ce territoire répondait à un rythme imposé par la domination progressive du marché et par l'installation de normes et de valeurs marquées par l'individualisme et la recherche du profit.

Les principales modalités d'appropriation individuelle des terres tribales

Les phénomènes d'appropriation et de cession des terres Arch telles que vécues actuellement posent de nombreuses questions liées à un patrimoine foncier théoriquement inaliénable devenu depuis peu l'objet de transactions commerciales.

Si l'État a permis sa privatisation officielle, la terre tribale a été soumise par ailleurs à un traitement marchand informel qui a produit une forme de transaction inédite et significative des changements intervenus dans la société globale. Cette transaction repose sur l'adaptation au contexte actuel, d'une modalité traditionnelle ancienne[6] qui permet, en référence à des traditions de solidarité sociale d'autoriser un étranger à la tribu, qui est en difficulté, à exploiter à titre exceptionnel une terre Arch pour une campagne céréalière.

L'adaptation récente de cette tradition a permis de transformer l'usage temporaire de la terre collective fondé sur la solidarité et la gratuité, en un usage permanent. La cession de la terre est fondée dans ce cas sur des rapports commerciaux établis suite à l'appropriation privative par un membre de la tribu d'une partie du territoire tribal.

---

[6] Cette tradition est dénommée *Hak-El-afou*, (littéralement le droit à la quiétude)

Cela constitue sur le plan symbolique, la transgression de normes anciennes établies par la communauté autour de la gestion collective et de la protection de son territoire et traduit de façon pertinente l'intrusion de modes d'appropriation et d'exploitation individuelles de terres collectives dans un contexte de généralisation du capitalisme.

Outre la vente des terres tribales, un autre comportement relatif aux nouvelles modalités d'appropriation des terres tribales réside dans la mise en défens illégale

Ce procédé consiste à marquer un territoire en balisant ses limites pour en signifier l'appropriation par une personne ou par une famille influente au sein de la tribu, qui va de la sorte le destiner à un usage privé de pacage[7].

Au demeurant, l'appropriation de la terre à des fins agricoles ou de pacage ne se passe pas sans engendrer des effets multiples sur un aspect important des terres Arch, celui de la dégradation de l'environnement.

La dégradation des terres tribales et l'agro-pastoralisme non contrôlé.

Outre les causes climatiques directement liées à la sécheresse et à la désertification, ce sont les effets de l'action de l'homme, en particulier le surpâturage et les labours non contrôlés qui sont constamment mis en avant par les populations des zones steppiques.

Certaines statistiques montrent à ce sujet, à travers deux indicateurs (les effectifs du cheptel et la charge des parcours), l'évolution particulièrement croissante de la sollicitation des espaces de pacage dans cette région.

La question du surpâturage pose à la fois le problème de l'action de l'État et celui de la fiabilité des chiffres déclarés par les éleveurs sur la taille des troupeaux; la mission de contrôle dévolue à l'État s'illustre souvent par sa faiblesse dans l'application des mesures coercitives et des sanctions à

---

[7] Il est également fréquent que cette forme d'appropriation de la terre vise l'exploitation lucrative consistant à louer les zones clôturées.

l'encontre des contrevenants aux mesures de maintien des zones steppiques. D'autre part, les chiffres donnés par les éleveurs sont la plupart du temps sous estimés ce qui donne lieu à une situation difficilement maîtrisable où les ratios de pacage pratiqués sont différents de ceux prévues par les normes.

Par ailleurs la situation sécuritaire des années 1990 a exercé un effet pernicieux de surpâturage ; les zones les plus sûres ont été particulièrement sollicitées par les éleveurs ce qui s'est traduit par le regroupement des troupeaux le long des grands axes routiers, à proximité des cantonnements militaires et des casernes, et dans les environs immédiats des centres urbains.

Outre le surpâturage, les labours excessifs constituent selon la population la deuxième raison majeure de dégradation anthropique des terres *Arch* où les effets indirects de la cohabitation du droit positif et du droit coutumier donnent lieu, dans des logiques sociales ré-interprétatives, à deux éléments fortement liés : d'une part, les labours effectués par des individus en dehors du cadre réglementaire (ces derniers considèrent qu'ils agissent de façon conforme au droit de jouissance de leurs terres) et de l'autre, la création par l'État sur les terres de parcours de périmètres de mise en valeur .

Les labours sont jugés néfastes par les éleveurs qui mettent à l'index les agriculteurs considérés comme les responsables directs de la dégradation de la steppe qui reste, selon eux, une région de pastoralisme et non une région agricole.

Les agriculteurs de leur côté renvoient la responsabilité de la dégradation de la steppe aux éleveurs qu'ils considèrent comme les premiers acteurs dans cette situation, par leur exploitation désordonnée et non contrôlée des zones de parcours.

Dans ce conflit qui oppose éleveurs et agriculteurs, l'État est impliqué aussi bien par sa participation directe aux labours de la steppe (à travers la création des périmètres de mise en valeur) que par son absence dans le contrôle des zones de pâturage et des labours anarchiques effectués par les populations locales.

Statut des terres tribales et problématique du développement des zones steppiques

Les populations de la steppe mettent en évidence la nécessité de leur association et de leur consultation dans la promulgation de textes devant préciser le statut des terres *Arch*. Tout indique que cette aspiration s'inscrit dans le cadre d'une réappropriation de territoires autrefois sous contrôle total de tribus, qui vivent avec leurs terres une relation intense encore vive aujourd'hui. La juxtaposition dans la plupart des cas, des limites administratives des communes avec celles des territoires tribaux donne aux populations un argument fort au lien entre tribu et territoire.

Dans ce rapport complexe tribu/territoire, les membres des tribus souhaitent que leurs terres leur soient restituées et le processus de libéralisation engagé en Algérie depuis la fin des années 1980 leur semble favorable dans ce sens. La clarification du statut des terres tribales est perçue comme une disposition salutaire pour la protection et la préservation de l'environnement.

Conclusion

Quel lien pourrait-on établir entre la gestion actuelle des terres tribales en Algérie et les processus globaux qui se déroulent actuellement dans le monde?

L'exploitation des terres tribales à l'ère de la mondialisation est marquée par des comportements sociaux particuliers qui sont révélateurs d'une mutation profonde au sein de la société. L'individualisme et l'appropriation privative de ces terres collectives symbolisent de nouvelles relations entre les hommes et les ressources en Algérie

A travers les procédés d'appropriation illégale de ces terres par des individus, la terre est à la fois privatisée et dégradée par une partie des siens qui rompt symboliquement avec un modèle séculaire de gestion de ressources collectives.

En outre, la privatisation des terres tribales traduit un puissant paradoxe où l'ordre social est profondément bouleversé: leur intégration dans la logique du marché signifie l'atteinte par l'État lui-même à l'un de ses fondements basés sur l'inaliénabilité et l'incessibilité de la terre appartenant à son domaine privé. Elle signifie également l'atteinte par la tribu à l'un de ses fondements identitaires basés sur la gestion d'une propriété collective séculaire.

L'appropriation des terres Arch qui a conduit à leur gestion marchande correspond sans doute à un processus d'individuation profond et traduit des mutations importantes où les normes et valeurs du capitalisme pénètrent dans le désordre la société algérienne d'aujourd'hui.

Bibliographie sélective

BEN HOUNET Yazid 'Le poids du nomadisme pastoral dans la steppe algérienne' dans Études rurales N° 184. Décembre 2009.

BENMOUSSA Brahim *Approches participatives et production du savoir sur l'Algérie rurale*, Thèse de Doctorat d'État en Sociologie, Université d'Alger, 2007.

BESSAOUD Omar, 'Problématique de développement rural des zones sèches dans la région Moyen Orient et Afrique du Nord', dans *From Vision to Action for Rural Development*, Banque Mondiale, 2002.

BOUKHOBZA M'Hamed, *Nomadisme et colonisation. Analyse des mécanismes de structuration et de disparition de la société pastorale traditionnelle en Algérie*, Thèse de 3ème Cycle de Sociologie.1976, Paris V.

BOUKHOBZA M'Hamed- 'Société nomade et État en Algérie', dans *Politique Africaine*, n° 34 : 7- 18, 1989.

DERMENGHEM Emile, *Le Pays d'Abel. Le Sahara des Ouled Naïl, des Larbaa et des Amour*, Gallimard, Paris. 1960.

LEHURAUX Leon, *Le nomadisme et la colonisation dans les Hauts- Plateaux de l'Algérie*, Éditions Coloniales de l'Afrique française, Paris, 1931.

LAOUAR Mohamed et ABDELGUERFA Aissa, 'Privatisation et partage du foncier : une des causes de la dégradation des milieux naturels en Algérie' dans *Options méditerranéennes* N° 13 CIHEAM Montpellier.

MONTCHAUSSE Georges, 'La steppe algérienne, cadre d'interaction entre l'homme et son milieu' dans *Options méditerranéennes* N° 13 CIHEAM, Montpellier.

NEDJRAOUI Dalila, 'Évaluation des ressources pastorales des régions steppiques algériennes et définition des indicateurs de dégradation', dans *Cahiers Options méditerranéennes*, Vol 62, 2004.

TROISIEME PARTIE

LUTTES POUR LA TERRE

CHAPITRE 8

DEUX TENTATIVES DE MAÎTRISE DES SOLS ET DES POLITIQUES DE DEVELOPPEMENT EN FAVEUR DES PAYSANS PAUVRES : LE *KISAN SABHA* ET LE SOCIALISME *UJAMAA*

Michel NAUMANN (Université de Cergy – CICC/ SARI)
Kolawole ELECHO (Université de Cergy – CICC)

Dans les années soixante-dix, les luttes pour la terre furent âpres en Afrique et en Asie ainsi qu'en Amérique latine. Les peuples en ont retiré une expérience non négligeable et qui n'est pas indifférente aux luttes actuelles. Contrôle populaire, autogestion, organisation autonome des peuples et unités locales, autant de thèmes importants de cette époque, sont toujours d'actualité mais désormais, à l'âge de la mondialisation et de l'altermondialisation, moins impliqués dans l'effort de construction nationale ou dans une structure de parti centraliste, c'est-à-dire qui entend porter toutes les aspirations des opprimés. Simultanément sont apparus chez les chercheurs, notamment en Inde, les concepts d'élites et de subalternes. Nous suggérons donc que les points faibles des expériences des luttes passées pour la terre ont à voir avec l'inclusion des dynamiques populaires dans des projets qui les canalisaient et, volontairement ou involontairement, enlevaient aux subalternes une parole qui leur aurait donné de s'arracher à leur condition de subalternes. Nous allons tenter d'évaluer ces expériences à partir d'exemples particuliers, le *kisan sabha* du Bengale et le socialisme *ujamaa* tanzanien, et au prisme des concepts d'élites et de subalternes.

Le Kisan Sabha

En 1977 le PCM (Parti communiste marxiste) conquit avec ses alliés du FU (Front Uni PCM, PCI, Forward Block, Revolutionary Socialist Party) une large majorité aux élection bengalies (177 sièges sur 293 pour le PCM et 230 pour le FU). Les causes de cette victoire sont dues à un programme convaincant et à un gain de voix du Janata contre le Congrès qui affaiblit ce dernier et ouvrit une voie au PCM, ainsi qu'au désespoir de paysans dont les mouvements avaient été durement réprimés et dont la dernière chance se présentait désormais sous la forme d'un bulletin de vote communiste. (Kholi 110)

Le PCM était organisé d'une part en parti assez élitiste par l'austère et respecté Dasgupta et d'autre part en parti lié à ses parlementaires, dirigés par le très fin Jyoti Basu, un intellectuel aux allures de *bhadralok* (aristocrate) très cultivé, et, d'autre part, aux syndicats et au *kisan sabha*, structure créée à l'intention du monde rural, dirigée par Bivoy Chowdury, un militant venu des villes mais superbement intégré au milieu paysan. Le PCM recrute les militants aguerris de ces organisations de masse. Il est composé d'intellectuels, d'étudiants, d'instituteurs présents en milieu rural, de travailleurs syndiqués urbains et de paysans moyens. Ses militants sont des marxistes formés à la lutte des classes et le PCI n'est guère impliqué dans les conflits de castes. C'est une force assez monolithique, soumise au centralisme démocratique qui étouffe toute tendance ou faction mais aussi capable d'évolutions sensibles et influencée par les organisations de masse au sein desquelles travaillent ses militants.

Par rapport au monde paysan les attitudes dogmatiques du passé ont changé. L'ancien mot d'ordre qui dictait de prendre de force les terres *benadi* (inscrites à un faux nom, souvent pour déjouer les réformes agraires) est abandonné car les maoistes naxalites étaient de loin les meilleurs à ce jeu et ils débordaient les militants du PCM. Aux actions fondées sur la lutte des classes à la campagne le parti tend à substituer des politiques qui dessinent de larges alliances qui sont presqu'exclusivement dirigées contre les gros *jotedars*, en fait les propriétaires terriens absentéistes. Tous les autres paysans, fermiers capitalistes, moyens et petits propriétaires et sans terres, sont réunis par un programme d'action consensuel : redistribution de la richesse par l'Etat ; mise au pas de la bureaucratie d'Etat (empêcher le sabotage des réformes par les bureaucrates, combattre les exactions des policiers au services des grands propriétaires fonciers) par des pouvoirs locaux (*panchayats*) conquis par le PCM et le *kisan sabha* ; enregistrement des métayers ou *bargadars* (l'enregistrement implique pour eux un loyer de la terre sécurisé, non susceptible de variations illégales, donc la possibilité d'envisager et de construire leur avenir, de prendre un prêt par exemple) ; acheminement de crédits aux paysans pauvres ; syndicalisation des ouvriers agricoles ; revenus et nourriture contre travail offert par l'Etat aux paysans sans terre comme complément de revenu.

La cheville ouvrière du projet était donc les *panchayats* rouges. Aux élections locales la victoire du PCM fut très nette et un militant du parti se trouva à la tête d'environ 70 % des organes de pouvoir local. Dans les 515 *grem panchayats* (niveau régional supérieur) 217 présidents étaient des instituteurs. L'enregistrement des métayers fut une relative réussite pour un million d'agriculteurs. Alors qu'avant 87 % des métayers donnaient la moitié de la récolte au propriétaire, cette proportion tomba à 32 % pour les fermiers enregistrés. (Kholi 119) Les bandes à la solde des propriétaires terriens furent contenues par la venue en masse de militants et sympathisants. La corruption administrative diminua notablement. Des crédits pour les paysans pauvres furent débloqués avec l'aide d'employés de banques syndiqués, ce qui fit reculer le pouvoir des usuriers et avancer la catégorie des fermiers capitalistes. Le programme FWP (Food for Work Programme, qui devint plus tard le National Rural Employment Act) pour les sans terres apporta un complément de revenus de l'ordre de 25 % aux bénéficiaires qui représentèrent environ le tiers de cette catégorie sociale. Il resta par contre très difficile de récupérer des terres en surplus car le cadastre était souvent inexact et les contournements de la loi restèrent efficaces.

Le mouvement fut durable, important pour le monde agricole dans son ensemble, mais pas décisif dans l'élimination de la pauvreté. L'action locale reste surdéterminée par le pouvoir central de Delhi. Les dérives du PCM en tant que parti de pouvoir tenté de se donner une base électorale fondée sur les avantages de la gestion du Bengale plutôt que sur l'impulsion des luttes entraînèrent aussi la marginalisation relative et l'essoufflement des *panchayats rouges*. L'encadrement politique, marqué par la bureaucratie communiste, et l'encadremenrt social, le poids de la petite-bourgeoisie, des instituteurs et travailleurs sociaux, des cadres urbains et des paysans moyens, ont interdit au mouvement d'atteindre un niveau d'autonomie qui en fasse une authentique expression des paysans opprimés. Le discours progressiste a, à la fois, servi les paysans sur le court terme et le moyen terme, surtout par rapport aux objectifs définis par le programme électoral du PCM, et il les a desservi à long terme en les enfermant dans une relation d'élites et de subalternes.

En Tanzanie, contrairement au cas du Bengale, le pouvoir central, notamment le président et le parti unique, a clairement affirmé sa détermination de soutenir l'effort des travailleurs de la terre pour éradiquer la pauvreté et le sous développement.

Le socialisme *ujamaa*

En 1967 le Parti unique tanzanien, formé d'employés syndiqués qui ont gardé l'élan populiste et nationaliste d'un pays oublié par le colonisateur anglais et de ce fait dépourvu de bourgeoisie puissante, se sentait très déçu par 5 années d'indépendance sans orientation claire et novatrice. Il chercha a redéfinir son option, alors très vague et sentimentale, en faveur du socialisme. La faiblesse des villes, la droiture du président, Julius Nyerere, soucieux d'inclure toute la nation dans sa stratégie et de tenir compte du caractère majoritairement paysan de la nation, dessine alors une orientation originale et profonde : le socialisme sera africain et tanzanien, non aligné, à la fois radical et empreint de thèmes africains et chrétiens, il reposera sur la volonté populaire, il est défini comme fraternité (*ujamaa*) et fondé sur une villagisation communiste volontaire et autogérée. L'auto-suffisance et le développement grâce à l'accumulation réalisée en milieu rural sont les bases de l'économie nationale. La déclaration d'Arusha qui résume ces engagements fait de la Tanzanie une alternative socialiste à visage humain face à Moscou et Pékin.

La tâche accomplie fut immense : villagisation complète, interdiction du salariat agricole, immense effort d'auto-suffisance alimentaire, autogestion des unités productives, démocratie relative (pléthore de candidats aux élections, défaite de ministres importants, débats de masse et référendum dont les résultats étaient honnêtes, par exemple sur la question d'une nouvelle capitale, approuvée à 60 %) et défense du citoyen (la Tanzanie n'apparaît pour ainsi dire pas dans les rapports d'Amnesty International), alphabétisation de masse en Swahili, institution d'une langue nationale africaine (le Swahili), création d'une armée populaire appuyée par le peuple en armes (le dictateur Didi Amin Dada sera vaincu par cette armée du peuple), réseaux d'hôpitaux, d'écoles, d'organisations culturelles, secteur d'Etat, création d'une nation solidaire épargnée par les luttes tribales.

L'échec n'en est pas moins réel : l'accumulation de revenus d'origine rurale est restée trop faible pour permettre le décollage industriel, l'auto-suffisance est restée fragile ; les prix du pétrole (le pétrole coûte 55 % des devises du pays) et des produits industriels (un tracteur qui valait 5 tonnes de sisal en 1960 en vaut 60 en 1980) montèrent alors que chutaient les prix agricoles sur lesquels comptait l'économie nationale ; il y eut un effondrement de la production de café ; le coût de la nouvelle capitale, Dodoma, pourtant pensée avec intelligence et originalité (une ville composée de villages), greva le budget ; les faillites d'unités qui fonctionnaient au profit du peuple (les minoteries d'Arusha achetaient à bon prix le maïs et revendait les farines à perte) se multiplièrent ; la bureaucratie et un certain autoritarisme vis-à-vis des paysans et éleveurs ne furent pas éradiqués. Le projet national réussit en partie mais le décollage économique impulsé par les surplus ruraux attendus ne fut pas au rendez-vous.

Au niveau villageois que se passa-t-il ? Le regroupement de plusieurs villages, certes rationnel du point de vue des investissements et des services, passe par un déménagement que redoutent les paysans. La décision leur est donc souvent arrachée, non sans quelques menaces. Ils sont débarqués par les camions militaires au milieu de nulle part. Les industries villageoises végètent, les pièces détachées des tracteurs doivent venir de la ville, les retards et ruptures de stock sont fréquents, la construction de l'entrepôt pour les céréales prend donc un temps fou. Les champs privés produisent alors que les champs collectifs sont parfois laissés à l'abandon. Le président (certes élu) du village se transforme parfois en petit chef. Certains villages ont des réussites fulgurantes alors que d'autres ne font que survivre. Le regroupement des populations disperse les champs individuels et implique de longs déplacements (récolter une tonne de maïs implique 100 trajets de 5 km avec une charge de 20 Kg). Les services qui ramassent les récoltes manquent de camions. Le magasin d'Etat est souvent vide et le dispensaire n'a pas de médicaments.

L'échec fut analysé par les militants les plus à gauche du parti. Dar Es Salam, en tant que port et première ville, siège de l'élite et des multinationales qui opèrent en Tanzanie, cité où vivent les étrangers, reçoit le pétrole, le riz, les produits finis qui manquent aux villages. Les conclusions sont claires pour certains : malgré l'engagement officiel et verbal en faveur du socialisme, la bureaucratie exploite les paysans, la ville exploite les campagnes. Amilcar Cabral, nationaliste de Guinée-Bissau, pensait dans les années soixante dix, peut-être trompé par la profonde solidarité qui présidait aux années de luttes décolonisatrices de son pays, que la petite-bourgeoisie progressiste pouvait s'engager dans un processus au cours duquel elle se suiciderait en tant que classe pour renaître identifiée au peuple dont elle a la charge. Toute critique venue des intellectuels de gauche croit plus ou moins que cela est possible. Or l'indépendance place l'élite africaine de l'époque coloniale sur la voie de sa constitution en tant qu'élite nationale d'un pays décolonisé et lui réclamerait simultanément, selon Cabral de se détruire ! La contradiction est insurmontable, surtout au moment où les dialectiques suscitées par la révolution s'émoussent parce que les combats cessent au moment de l'Indépendance. La pensée dialectique oblige l'intellectuel à tenir compte des initiatives populaires qui se multiplient dans une période révolutionnaire. Au contraire la pensée positiviste est une pensée d'experts détenteurs d'un savoir qui est hors de portée d'un peuple qui n'a pas accès aux lieux de formation. Ainsi la bureaucratie adopte-t-elle à la fin des combats un discours plus formel et idéologique, moins dialectique, plus positiviste et élitiste, qui enferme les paysans, en tant que subalternes, dans un projet qui n'est pas le leur et qui tourne à leur désavantage. L'Etat affronte alors les pouvoirs populaires et les domestique, en Afrique comme en Russie ou en Chine. En Tanzanie ce processus fut certes très humain et beaucoup moins brutal. Mais en réalité toutes les tentatives des marxistes révolutionnaires comme des anarchistes pour endiguer la bureaucratie ont échoué !

Il faut certes combattre la bureaucratie, mais pas à la façon qu'envisage le marxiste Shivji, une des gloire de l'Université de Dar Es Salam, précise Bernard Joinet. (190) Cet auteur, homme de terrain (en tant que prêtre dans un village *ujamaa*) explique que l'énergie des Tanzaniens se déploie dans la solidarité familiale entre paysans mais aussi entre membres de l'élite (même s'il s'agit d'un bureaucrate peu efficace ou corrompu) et leur parenté rurale ou autre. Un fonctionnaire trouve une voiture et de l'argent pour conduire à l'hôpital un vieil oncle villageois et il en reçoit une reconnaissance profonde : il est un neveu dévoué, un homme de devoir ! Or nul ne prend en compte cette énergie solidaire et nul ne songe à en faire un moteur du développement ou même seulement un facteur de fonctionnement de l'économie et des institutions, voire un facteur qu'il faut analyser et prendre en compte.

> Tout ce que je veux dire, c'est que si vraiment les solidarités familiales influencent l'économie tanzanienne, elles devraient être prises sérieusement en compte par ceux qui sont chargés de cette économie. Il faudra toujours trouver un compromis entre service public et solidarités familiales, au lieu de fermer les yeux sur le conflit entre les deux. (Joinet 192)

Ainsi le véritable étouffement des subalternes par l'élite se situe au niveau de l'autisme d'une classe qui en tant que classe ne voit même pas que sa pratique fait éclater les cadres de son discours idéologique et que celui-ci l'empêche de donner des formes politiques et économiques à la solidarité dont elle fait preuve quotidiennement. Le positivisme des experts est aveugle et la pensée conceptuelle étouffe la pensée initiatique. Aucun concept n'est pourtant plus proche de cette découverte que le terme *ujamaa*, fraternité traditionnelle invoquée pour instaurer la nation et la développer. Mais pourtant le pas n'a pas été franchi et bon nombre de pratiques solidaires n'ont pas été reconnues comme elles le méritaient dans les discours et les projets de développement. Peut-être ne pouvaient-elles pas l'être au moment où la construction nationale selon le modèle occidental restait une évidence forte, voire écrasante, aux yeux des intellectuels et des bureaucrates, mêmes des plus sincères dans leur volonté de servir le peuple et d'adapter le projet national et socialiste aux conditions tanzaniennes.

Mais la situation a évolué et de nos jours l'exigence altermondialiste d'autonomie des dynamiques locales affaiblit les anciens cadres nationalistes et organisationnels qui surdéterminaient la voix des peuples. La nouvelle situation peut laisser jouer des logiques qui ne pouvaient guère être reconnues. Le concept que forge alors Joinet est celui de développement solidaire.

L'autogestion au xxie siecle

A la fin des années quatre vingt, constatant l'échec économique de l'expérience, fier néanmoins des réels succès de son pays, Nyerere proclame le multipartisme qui met fin à l'expérience socialiste et il se retire des affaires. En Tanzanie tout se sera donc passé, du début à la fin, dans l'honneur et la dignité. Il y a dans cet échec une grandeur et une honnêteté qui forcent le respect.

Le peuple tanzanien ne s'y est pas trompé. Une enquête récente exprime sa nostalgie des villages *ujamaa* : les gens se souviennent des fêtes et choisissent le mot « *n'goma* » (musique) pour symboliser la période socialiste, ils invoquent une morale solidaire qui contraste avec la puissance de l'argent et de l'individualisme qui prévalent de nos jours. Nous avons construit nous-mêmes nos écoles, disent-ils, les relations humaines étaient plus chaleureuses alors, chacun avait des droits et d'abord le sens de sa dignité, tous étaient consultés et il y avait moins de corruption… (Askew 109-132) Faut-il s'en étonner lorsque l'on sait que le revenu par tête a baissé, depuis l'époque socialiste, de 280 $ à 140 $ et que l'individualisme et le libéralisme imposés par le FMI, le consensus de Washington et l'OMC ne font guère des acteurs économiques que des concurrents ?

Le contrôle populaire se poursuit de nos jours dans les initiatives de la société civile. Le Bengale est une forêt d'associations et d'ONG. Au Nigéria la lutte se concentre contre la confiscation par l'élite des procédures démocratiques. En Afrique du Sud syndicats libres et jeunes chômeurs tentent de compenser le passage de la Cosatu aux cols blancs. Au Kenya l'association *Mungano* organise les bidonvilles, le *Bunge* lance de réels débats politiques chez les jeunes et les ouvriers, le *Mungiki* annonce un retour à la tradition *mau mau* enrichie de Fanon et Malcom X ainsi que de bribes de théologie de la libération. Les organisations liées à la terre semblent donc avoir perdu du terrain, sauf au Congo avec la Fopac et le Copaco qui feront peut-être école dans d'autres pays. Ces mouvements se lovent dans deux créneaux : les défaillances des services publics et le déficit d'offre de travail, conséquences du libéralisme global qui prône le retrait de l'Etat, des économies aux dépens des services non directement productifs, la dissolution des secteurs économiques étatisés, des économies de coûts salariaux dans le cadre d'une compétitivité sans pitié.

Le contrôle populaire sur la terre, comme l'autogestion, surgit donc en réponse à des situations concrètes de crise qui mettent une communauté particulière dans une relation conflictuelle capable de susciter une vision dialectique qui échappe encore à la communauté plus large qui l'englobe. Mais la multiplication de ce type de luttes est susceptible de jouer un rôle dans la création d'une hégémonie capable un jour de se poser en alternative à la mondialisation libérale présente.

Les expériences de contrôle populaire et d'autogestion ne naissent pas que des conditions socio-économiques, elles relèvent aussi de ce que Freud appelle le narcissisme primaire. Marcuse en fait d'ailleurs, dans *Eros et civilisation*, la source de l'art dans ses analyses sur Schelling et Schiller (p 112) et il explique que, comme l'art, par la perfection formelle et l'accomplissement d'un acte créateur libre, anticipe un ordre politique et social libre et parfait, révolution et narcissisme coïncident. Nous ne suivrons pas complètement Marcuse dans sa conception du narcissisme primaire qui relève un peu trop du fantasme de toute-puissance magique de l'enfant. Pour Françoise Dolto (Dolto I 36) il s'agit plutôt, à l'étape de la première socialisation de l'enfant, non seulement de se remémorer le temps de l'unité avec le corps maternel, mais, désormais, de se materner lui-même, de se prendre en charge, de s'accorder diverses satisfactions, d'orienter sa vie à sa guise, de vivre aussi parmi ses semblables en restant indépendant et libre de ses décisions. Le narcissisme primaire prend alors une dimension sensiblement différente du rêve marcusien. L'enfant apprécie cette autonomie et grâce à elle il s'inscrit assez aisément dans les rapports à ses égaux qu'il lui arrive souvent de préférer aux tiraillements familiaux liés à l'Œdipe qui s'annonce. Les communautés humaines veulent souvent revivre cette étape du développement de l'être humain pour rejeter le harcèlement des forces extérieures. C'est l'occasion d'un grand moment de liberté, d'égalité et de dignité.

Bibliographie sélective

Bengale:
KHOLI, Atul *The State and Poverty in India* CUP, Cambridge, 1987.
Tanzanie :
ASKEW M, Kelly ' Ujamaa 40 ans après', *Anthropologie et société,* vol 32, n° 1-2, 2009, pp 109-132.
JOINET, Bernard *Tanzanie (manger d'abord),* Karthala, Paris, 1981.
NYERERE, Julius *Déclaration d'Arusha,* L'Harmattan, Paris, 1975.,*The Arusha Declaration ten years After,* Government Printer, Dar Es Salam, 1977.
Psychanalyse
DOLTO, Françoise. *Séminaire de Psychanalyse*, Seuil, Paris, 1998.
MARCUSE, Herbert. *Eros et civilisation*, Seuil, Paris, 1968.

CHAPITRE 9

LA QUESTION DE LA TERRE AU ZIMBABWE

Badra LAHOUEL (Université d'Oran – Algérie)

Une des questions les plus controversées à laquelle se heurtèrent les élites intellectuelles et politiques contemporaines fut, sans conteste, la politique de redistribution de la terre que le Zimbabwe lança peu de temps après son accession à l'indépendance en 1980. Cet essai tente de jeter la lumière sur les aspects les plus saillants de la politique d'expropriation des terres autochtones par la Grande Bretagne et d'analyser son impact sur les décisions du gouvernement présidé par Robert Mugabe durant l'ère postcoloniale. Clamant son souci de justice sociale, ce gouvernement s'engagea à redistribuer la terre aux couches les plus défavorisées de la population noire qui, pour survivre, furent contraints de vendre leur force de travail aux nouveaux colons blancs. Cependant, ce processus ne manqua pas de déclencher un conflit grave aux répercussions internationales.

La question de la terre puise ses racines dans la conquête britannique du Zimbabwe. Les quelques intellectuels qui se penchèrent sur cet épisode soulignèrent ses effets désastreux sur la population locale. La confiscation des terres commença avec Cécil John Rhodes (1853-1903) qui, sans doute, influencé par les idées du Darwinisme social et de l'impérialisme développées notamment par Sir Charles Dilke dans *Greater Britain* (1869) et par Sir John Seeley dans *The Expansion of England* (1882) s'appropria le territoire du Roi Ndebele, Lobengula, (James 204, 261) qui fut rebaptisé Rhodésie. Des colons blancs de souche britannique, des Afrikaners ainsi que des Portugais du Mozambique affluèrent dans la nouvelle colonie en quête de terres et de travail. Selon Sachikonye (2003 228-229), ces immigrants blancs s'installèrent sur les terres les plus productives et rejetèrent les autochtones vers les zones les plus arides.

La confiscation des terres provoqua des rebellions en 1893-94 puis en 1896 qui furent brutalement réprimées. Les Ndebele furent alors parqués dans des réserves créées sur le modèle sud-africain par le *Native Reserve Order* en 1899 (Mbiba 427). Le *Land Apportionment Act* de 1930 accentua la séparation des deux races en confinant les Africains dans des réserves ne couvrant que 21% du pays (Cheater 79) et constituées des terres les moins fertiles (Pwiti & Ndoro 145, 147). Cette stratégie avait pour objectif de fournir aux fermiers blancs une main d'œuvre permanente à bon marché (Cheater 80). Par conséquent, les Noirs ne purent s'empêcher d'exprimer de nouveau leur frustration (Ranger 2004, 115).

Les évictions forcées des Noirs se firent au profit des immigrants blancs dont le nombre ne cessa de croître, particulièrement après la Seconde Guerre Mondiale. Le ressentiment des Noirs atteignit de nouveaux sommets, ce qui poussa certains administrateurs à exhorter le gouvernement à attribuer des terres pour prévenir une nouvelle insurrection (Ranger 2004, 104).

Les relations de travail dans le secteur agricole étaient organisées sur la base du stéréotype commun de l'infériorité raciale des Noirs. Pour donner une touche de légitimité à leur contrôle, les Blancs les décrivaient comme des « gens ignorants et sans orientation précise », sous-entendant ainsi qu'ils avaient besoin de leur direction éclairée (cité par Rutherford 43). En 1944 le *National Rehabilitation Board* souligna une fois encore « la capacité de l'Européen de s'adapter aux perspectives mentales limitées, aux caractéristiques non-Européennes et à l'inhérente irresponsabilité du travailleur autochtone moyen » (*ibid* 116). Cette vision paternaliste empreinte de racisme entraîna de facto une relation de maître à esclave entre les deux races. Les travailleurs africains, dont certains étaient recrutés dans les colonies voisines par la *Rhodesia Native Land Supply Commission* vivaient dans des conditions extrêmement précaires dans les ranchs blancs.

Incapables de résister aux puissantes organisations blanches telle que la *National Farmers' Union* instituée en 1946 pour agir comme groupe de pression sur le gouvernement, les travailleurs agricoles noirs ne pouvaient négocier leurs contrats de travail à leur avantage et recevaient de ce fait des salaires de misère. Leurs employeurs imaginaient souvent des moyens détournés tels que « l'octroi de prêts, le paiement de frais de mariage ou l'achat de bicyclettes » pour les contraindre à rester dans leurs fermes, écrit Rutherford (120). Les travailleurs agricoles vivaient donc dans des conditions proches de l'esclavage, sans pouvoir vraiment bénéficier de la richesse qu'ils généraient (*ibid* 124). Ils étaient de surcroît exposés à des châtiments corporels. L'extrême violence à laquelle ils étaient assujettis était encouragée par la passivité et la collusion du gouvernement.

Le sentiment d'injustice croissant qui animait les dépossédés de la terre déboucha inexorablement sur la confrontation entre les deux races : « La guerre de libération en Rhodésie utilisa la terre comme cri de ralliement », note Kinsey (173). En effet, la terre ne représentait pas uniquement un capital mais revêtait un caractère sentimental, voire sacré. Elle constituait un ingrédient essentiel de leur identité et en se l'appropriant, les colons blancs les déracinèrent. Pour la récupérer, les masses africaines et les élites nationalistes de ZANU-PF et ZAPU s'unirent pour affronter leur ennemi commun.

Les nationalistes optèrent pour l'idéologie socialiste afin d'atténuer les inégalités criantes qui caractérisaient leur société (Sachikonye 2003, 228). Selon leur opinion, la terre fut « subtilisée » par les colons et sa redistribution aux couches les plus déshéritées ne pouvait qu'être justifiée moralement (Potts & Mutambirwa 549). En fait, l'élite au pouvoir s'efforça d'appliquer la théorie exposée par Robert Nzick dans son ouvrage intitulé *Anarchy, State and Utopia.* Cette théorie affirme que la rectification est nécessaire lorsque l'acquisition initiale de la terre est injuste (Shaw 2003 80-85).

Le problème de la redistribution de la terre aux travailleurs agricoles devint le fondement essentiel de plusieurs approches : les approches nationalistes, '*workerist*', '*welfarist*' et 'transformative'. La première approche restreint l'accès de la terre aux membres de la communauté autochtone et donc pour certains analystes, elle présente l'inconvénient d'exclure du programme de redistribution des terres les travailleurs agricoles qui affluèrent du Mozambique, du Malawi et de la Zambie du programme de redistribution de la terre.

La seconde approche suggère quelques initiatives positives telles que la possibilité d'une compensation et d'assistance dans la recherche de nouveaux emplois aux travailleurs déplacés par le programme.

La troisième approche propose aux propriétaires terriens d'être responsables du bien-être de leurs employés en échange d'une réduction des taxes. Cependant, son côté négatif réside dans le maintien des travailleurs sous tutelle comme au temps de la colonisation.

Enfin selon la dernière approche, les travailleurs agricoles devraient bénéficier non seulement d'un lopin de terre mais aussi d'une protection sociale (Moyo, Rutherford & Amanor-Wilks 2000, 191-194).

Le processus de redistribution de la terre appartenant aux Blancs fut contrecarré par une multitude de facteurs parmi lesquels les conditions imposées par le *Lancaster House Agreement* signé à Londres en 1979 qui stipulait que seule une partie insignifiante de la terre pouvait être transférée. En effet, les fermiers blancs devaient garder de vastes espaces pour répondre aux besoins du marché (Bush & Cliffe 1984, 86). En outre, les terres ne pouvaient être attribuées par leurs propriétaires aux nouveaux bénéficiaires que sur la base d'un accord mutuel (Palmer 166). La '*willing buyer willing seller clause*' avait pour objectif d'éviter toute expropriation forcée. Par ailleurs, la terre achetée devait être payée immédiatement et en devises (Sachikonye 2003, 224). Vu le processus de paupérisation des masses noires, cette mesure tendait, bien entendu, à maintenir la terre entre les mains de la communauté blanche. La pression constante de la puissante *Commercial Farmers' Union* contribua également à diminuer le nombre des bénéficiaires. La réforme n'atteignit pas également ses objectifs à cause de l'inexpérience et du manque de moyens des cadres du Ministère des Terres (Alexander 1994, 334). En conséquence, seules 52 000 familles sur les 162 000 ciblées furent recasées en 1989 (Palmer 169-170). A toutes ces raisons, il faut ajouter le refus de la Grande Bretagne de financer le programme comme prévu par l'Accord de Lancaster parce que selon son point de vue, partagé par des intellectuels, le gouvernement Zimbabwéen n'allouait pas la terre aux indigents mais à ses alliés politiques. Chattopadyay (314) déclara que le gouvernement « ZANU-PF attribua toute la terre ...aux cadres supérieurs et aux ministres ». De même, Sachikonye (2003, 232) souligna cette distorsion de la réforme en dénonçant l'octroi de terres « aux ministres, aux juges, aux officiers supérieurs de l'armée et aux fonctionnaires...tout en négligeant les besoins pressants des pauvres et des sans terre ». En fait, le gouvernement du Zimbabwe se trouva de plus en plus assailli par les critiques acerbes des intellectuels ainsi que celles de la Communauté Européenne et des Etats-Unis qui en 2002 imposèrent des sanctions visant à isoler le régime et à le faire capituler (Townsend & Copson 2005).

En conclusion, nous pouvons affirmer que la question de la terre au Zimbabwe est une question clé pour comprendre non seulement le rejet du colonialisme par les masses mais aussi les réformes menées par le gouvernement de ce pays après l'indépendance. A Lancaster les nationalistes s'engagèrent par souci d'égalité et de justice à redistribuer la terre à la population qui en fut dépouillée contre un financement qui fut suspendu ultérieurement par l'ex-puissance coloniale. L'accumulation des frustrations mais aussi les dérives d'un côté et la volonté d'ingérence de l'autre aboutirent à la reproduction des rapports dominants-dominés et conduisirent inévitablement à une impasse.

Bibliographie sélective

ALEXANDER Jocelyn 'The Unsettled Land: the Politics of Land Redistribution in Matabeleland, 1980-1990'. *Journal of Southern African Studies* 17(4), pp 581-610,1991,.

---.'State, Peasantry and Resettlement in Zimbabwe'. *Review of African Political Economy* 21(61), pp 325-345,1994.

BUSH, Ray et CLIFFE, Lionel 'Agrarian policy in Migrant Labour Societies: Reform or Transformation in Zimbabwe?' *Review of African Political Economy* 29, pp 77-94.1984,

BUSH Ray & SZEFTEL Morris 'Sovereignty, Democracy and Zimbabwe's Tragedy'. *Review of African Political Economy* 29(91), pp 5-12, 2002,.

CHEATER, A.P. 'Formal and Informal Rights to Land in Zimbabwe's Black Freehold Areas: A Case-Study from Msengezi". *Africa: Journal of the International African Institute* 52(3), pp 77-91+113,1982.

CHATTOPADHYAY, Rupak 'Zimbabwe: Structural Adjustment, Destitution and Food Insecurity'. *Review of African Political Economy* 27(84), pp 307-316. 2000.

CLIFFE, Lionel 'Zimbabwe's Agricultural 'Success' and Food Security in Southern Rhodesia'. *Review of African Political Economy* 43, pp 4-25,1988.

COPSON, Raymond W. *The United States in Africa. Bush Policy and Beyond*, Zed Books Ltd. London, 2007.

JAMES, Lawrence *The Rise and Fall of the British Empire,* Abacus, London, 2005.

KINSEY, B.H. 'Land Reform, Growth and Equity: Emerging Evidence from Zimbabwe's Resettlement Programme'. *Journal of Southern African Studies* 25(2), pp 173-196, 1999.

MBIBA, Beacon 'Communal Land Rights in Zimbabwe as State Sanction and Social Control: A Narrative'. *Africa: Journal of the International African Institute* 71(3), pp 426-448,2001.

MAZRUI Ali A. & TIDY Michael *Nationalism and New States in Africa from about 1935 to the Present,* Heinemann Educational Books, London, 1984.

MOYO Sam, RUTHERFORD Blair & AMANOR-WILKS Dede 'Land Reform and Changing Social Relations for Farm

Workers in Zimbabwe'. *Review of African Political Economy,* 27(84), , pp 181-202,. 2000
MOYO Sam & YEROS Paris 'The Radicalised State: Zimbabwe's Interrupted Revolution.' *Review of African Political Economy* 34(111), pp 103-121,. 2007.
PALMER, Robin 'Land Reform in Zimbabwe, 1980-1990'*African Affairs* 89(355), pp 163-181. 1990.
POTTS Deborah & MUTAMBIRWA Chris 'The Government Must not Dictate': Rural-Urban Migrants' Perceptions of Zimbabwe's Land Resettlement Programme' *Review of African Political Economy* 24(74), pp 549-566,1997.
PWITI, Gilbert and NDORO, Weber 'The Legacy of Colonialism: Perceptions of the Cultural Heritage in Southern Africa, with Special Reference to Zimbabwe'. *The African Archaeological Review* 16(3), pp 143-153, 1999.
RAFTOPOULOS, Brian 'The Zimbabwean Crisis and the Challenges of the Left'. *Journal of Southern African Studies* 32(2), pp 203-219. 2006.
RANGER, Terence *Peasant Consciousness and Guerrilla War in Zimbabwe*, James Currey, Oxford, 1985.
---. 'Nationalist Historiography, Patriotic History and the History of the Nation: the Struggle over the Past in Zimbabwe'. *Journal of Southern African Studies* 30(2), pp 215-234. 2004.
RUTHERFORD, Blair 'Another Side to Rural Zimbabwe: Social Constructs and the Administration of Farm Workers in Urungwe District, 1940s' *Journal of Southern African Studies* 23(1), pp 107-126,. 1997.
SACHIKONYE, Lloyd M. 'The Debate on Democracy in Contemporary Zimbabwe'. *Review of African Political Economy* 45-46, pp 117-125,1989.
---. 'From 'Growth with Equity' to Fast- Track Reform: Zimbabwe's Land Question' *Review of African Political Economy* 30(96), pp 227-240, 2003..
SHAW, William H. 'They Stole our Land': Debating the Expropriation of White Farms in Zimbabwe' *The Journal of Modern African Studies* 41(1), pp 75-89,. 2003

THOMAS, Neil H. 'Land Reform in Zimbabwe' *Third World Quarterly* 24(4), pp 691-712, 2003.
TOWNSEND, Jeffrey et COPSON, Raymond. United States. Congress Research Service. *Zimbabwe: Current Issues.* Washington: GPO, March 2005.

CHAPITRE 10

NOTORIETE / ENGAGEMENT D'ARUNDHATI ROY

Fewzia BEDJAOUI (Université de Sidi Bel Abbes – Algérie)

Cet article traite d'une célèbre écrivaine indienne d'expression anglaise, Arundhati Roy, qui se révèle être la voix d'une sensibilité spécifiquement féminine, en faveur de la paix et de la justice à travers son activisme socio-environnemental en Inde. Elle a mis à profit sa notoriété dans le monde littéraire, et cela à l'échelle internationale, avec *Le Dieu des petits riens (The God of Small Things)* (1997) pour lutter en faveur des causes populaires et a été très active dans son engagement pour des questions socio-environnementales, notamment la protection des êtres humains et de la terre. Cette écrivaine s'opposa aux constructions de barrages, déstabilisant ainsi de nombreux entrepreneurs financiers occidentaux impliqués dans le grand projet Narmada. Elle se soucia du déplacement d'un grand nombre de personnes spoliées de leurs terres de même qu'elle s'inquiéta de la protection des laissés pour compte de la société indienne. *Le coût de la vie (The Cost of Living*) (1999) est une réflexion de la lutte pour le changement social, principalement des protestations contre les essais d'armements nucléaires en Inde et les dommages provoqués par les barrages sur la qualité de la vie humaine et environnementale. Rebelle avec un idéal, cette activiste a fait des causes socio-environnementales son 'talon d'Achille'.

Présentation de l'écrivaine

A. Roy est née en 1961, au Bengale, à l'est du sous-continent indien, d'un père hindou et planteur de thé, et d'une mère chrétienne de l'Eglise syriaque[1] du Kerala. Son premier roman, *Le dieu des petits riens*[2] lui apporte la gloire : elle reçoit le Booker Prize[3]. C'était la première fois qu'il était décerné à un auteur résidant en Inde et il fut traduit en quarante langues. Elle y dénonce la barrière des castes en Inde et devient une 'citoyenne gênante'. Inébranlable, elle reste une militante engagée et dans chacun des textes non conformistes qu'elle a écrits, elle dénonce les barrages gigantesques, les expropriations, l'industrialisation, la privatisation, le terrorisme, l'impérialisme américain, le nationalisme hindou, la rébellion maoïste, et le Cachemire. Comme sa mère elle se bat pour le droit des femmes indiennes. Son premier essai, intitulé *La fin de l'imagination* (*The End of Imagination*), est une réaction aux tests nucléaires indiens; suivront *Le meilleur bien commun* (*The Greater Common Good*), contre la politique des grands barrages menée par le gouvernement indien, et *La réincarnation de Rumpelstiltskin* (*The Reincarnation of Rumpelstiltskin)*, qui analyse la privatisation des réseaux de distribution d'éléments essentiels comme l'eau et l'électricité. En 2004, Roy obtient le prix Sydney de la Paix pour son engagement dans des campagnes sociales et son appui au pacifisme.

---

[1] L'Eglise syriaque est appelée ainsi pour deux raisons : elle est née et s'est développée en Syrie autour du patriarcat d'Antioche. Son patriarche réside aujourd'hui encore à Damas. Sa langue est le syriaque, la langue des Syriens, dont l'origine est l'araméen, langue parlée au temps des Perses, des Indes jusqu'au sud de l'Egypte.

[2] Ce roman entremêle le destin de différents personnages, décrivant la lente déchéance d'une famille et l'amour interdit d'une bourgeoise chrétienne pour un intouchable.

[3] Le Prix Booker (équivalent britannique du Prix Goncourt), créé en 1968, est l'un des plus importants prix littéraires remis annuellement. Seuls les romans de fiction écrits en anglais sont retenus et par un auteur vivant qui est citoyen du Commonwealth, de l'Irlande, du Pakistan ou de l'Afrique du Sud. Le (la) gagnant(e) de ce prix est presque assuré(e) d'une gloire internationale, qui est souvent assortie d'un succès de vente pour l'ouvrage.

Réalisations majeures

A. Roy, née en novembre 1961, est une romancière indienne, essayiste et activiste. Le National Film Award for Best Screenplay (Oscar du meilleur scénariste) lui fut décerné en 1989, pour le scenario de *In Which Annie Gives It Those Ones.* Son roman *Le dieu des petits riens* fut vendu à plus de six millions d'exemplaires. Ceci eut lieu en même temps que la célébration du 50ème anniversaire de l'Indépendence de l'Inde. Elle devient alors la première non expatriée indienne à remporter le Booker Prize, appelé aussi Booker Mc Connell, à Londres. Ce prix donné particulièrement aux écrivains des pays du Commonwealth a déjà été remis à 19 hommes et femmes (entre autres Rushdie and Rohinton Mistry). Son roman obtient de brillantes critiques de journaux tels que le New York Times et le Los Angeles Times, de même que de publications canadiennes comme le Toronto Star. Cependant, la critique émanant du Royaume Uni fut moins positive et le fait que ce roman décroche la distinction du Booker Prize provoqua beaucoup de controverses, notamment celle du juge de 1996 : Carmen Callil, qui l'a qualifié de roman 'exécrable'. Roy s'est également essayée à d'autres genres littéraires de non-fiction: *Le Coût de la vie (The Cost of Living) (*1999), *La politique du pouvoir (Power Politics*) (2002) et *Propos de guerre (War Talk*) (2003). En 2002, elle remporta le Lannan Foundation's Cultural Freedom Award pour son combat continu dans la lutte pour la liberté, la justice et la diversité culturelle. Elle fut aussi récompensée par le Sydney Peace Prize en Mai 2004 pour son action sociale dans les campagnes et son plaidoyer pour la non-violence. En janvier 2006, le *Sahitya* Akademi Award lui fut attribué, prix national de l'Académie des Lettres, pour son recueil de textes, d'essais et de discours sur des sujets contemporains) : *L'algèbre de la justice infinie* (*The Algebra of Infinite Justice)*(2002) ; mais elle refusa ce prix prestigieux en signe de protestation contre la politique du gouvernement indien. Elle fut aussi l'un des collaborateurs du livre qui sortit en octobre 2009, intitulé : *Nous sommes un : une célébration des peuples tribaux* (*We Are One: A Celebration of Tribal Peoples*), et qui explore la culture des peuples du monde entier, soulignant leur diversité et les principales menaces à leur existence. Les redevances issues de la vente de ce dernier livre sont directement accordées à l'organisation des droits indigènes : Survival International.

Voix féministe des sans-voix

Tous les écrits d'A. Roy qui explorent divers enjeux sociaux, environnementaux et politiques, ont par conséquent fait l'objet de grandes controverses. D'ailleurs, rien ne l'arrêtera dans son entreprise de protection de l'héritage culturel humain et dans la défense de l'environnement, de la nature et de la terre en Inde. Dès son premier roman, dans *le Dieu des petits riens*, elle traite de questions sensibles telles que le genre, la sexualité et le système de caste indien, la politique, l'héritage colonial britannique en Inde, inextricablement liées à de belles images de paysage du Kerala. L'eau joue un rôle fondamental dans le milieu naturel. Elle est considérée comme source de vie et est essentielle en Inde, parce que l'Inde dépend de l'abondance des pluies de la mousson pour cultiver les terres. Et, pourtant, la pluie battante peut mener à une inondation dévastatrice qui prend de nombreuses vies. À cet égard, la rivière joue deux rôles contradictoires : elle apporte de l'eau pour fertiliser le sol mais s'accapare de précieuses vies. D'une part, l'écrivaine met l'accent sur la description à la fois des violences de la rivière et sur la propagation du capitalisme, c'est-à-dire les dommages causés à l'environnement naturel. Le pouvoir naturel de la rivière est détourné pour le bénéfice de l'être humain, entraînant par conséquent la scène dévastatrice dans le roman. De plus, la rivière devient le moyen par excellence pour les deux êtres immiscibles de ne former qu'un, car elle réduit la distance entre les amants. Cependant, réprimés et torturés, la rivière et les amoureux sont sacrifiés pour le bénéfice de la société. L'auteure pense en effet que l'homme et la femme ont leurs propres forces et faiblesses, ainsi décrits par le biais de la scène d'amour partagé entre Ammu, femme d'une caste supérieure, et Velutha, l'intouchable, scène qui se trouve à la fin du roman afin d'accroître l'intensité émotionnelle des derniers moments de l'œuvre romanesque.

Notre connaissance scolaire de la culture indienne est alors bousculée et le système de castes est une question grave dans un contexte où presque tous les personnages sont chrétiens. Une telle foi qui prévaut depuis la période précoloniale rejetterait la division de castes et confèrerait donc un refuge pour les intouchables. Mais, dans ce roman, l'écrivaine montre qu'en effet les intouchables n'ont aucune maison, aucun terrain et aucun droit. En outre, par le biais de la texture de son écriture et le ton de sa voix, elle communique le dynamisme des préoccupations des femmes pour la qualité de la vie humaine et la préservation de leurs terres indigènes.

Normes patriarcales

Quelle est la relation entre de tels écrits et la participation politique de l'écrivaine ? Les contestataires condamnent le roman pour sa représentation gratuite de la sexualité, trait pour eux étranger à la culture indienne, véritable affront à ses valeurs. Un tel roman relèverait des préjugés occidentaux : les femmes indiennes sont dépeintes comme entièrement définies par le poids d'une tradition oppressive. Les arguments de droits religieux suggèrent que la subjugation des femmes à l'autorité masculine est une fonctionnalité indienne qui ne devrait pas être abandonnée et affirment le caractère sacré de la famille patriarcale. Ainsi, tout ce qui est considéré comme inacceptable dans la société est étiqueté immoral, étranger à la culture autochtone et donc occidental, polluant l'esprit de la classe moyenne indienne. Dans le discours colonial, la modernité était un trope signifiant l'Ouest, le progrès, la civilisation et la démocratie alors que la tradition représentait la culture de l'exotique, portant le fardeau des pratiques répressives. Pourtant, dans *Le Dieu des petits riens* la tradition est invoquée pour signifier la moralité et la civilisation. En fait, A. Roy semble décrire et vivre un défi permanent.

Colère politique

Tout d'abord, *le Dieu des petits riens* provoqua la colère des gauchistes du Kerala et des poursuites judiciaires. Il est vrai que la censure n'est pas limitée aux Indiens. Il y a eu censure dans la littérature américaine, notamment *Catcher in the Rye* (*L'Attrape-cœurs)* de J.D. Salinger, jugé obscène et de *Of Mice and Men (Des souris et des hommes)* de J. Steinbeck (tout aussi vulgaire et provocant) avaient été retirés, pendant un certain temps, des rayons de certaines bibliothèques[4]. A. Roy fit face à une tempête de critiques patriarcales d'un autre genre, mais provenant particulièrement des intellectuels de la CPI (M), le parti qui était au pouvoir au Kerala et au Bengale. Les intellectuels associés au CPI ont désapprouvé *Le Dieu des petits riens,* avec des commentaires acerbes venant du Ministre du Kerala, E.K Nayamar, ou de l'ancien combattant marxiste EMS Namboodiripad : ces attaques portaient sur la moralité de l'écrivaine. Aijaz Ahmed accusa la romancière d'anti-communisme et d'opposition à la gauche sur la base de son portrait du PCI (M) dans le Kerala depuis les années 1960. Ce roman a suscité de vives critiques issues à la fois des partis politiques, mais aussi des femmes traditionnelles. Ces dernières ont accusé Ammu, la protagoniste du roman, d'être une femme qui ne peut pas maîtriser sa propre vie et ses pulsions. De plus, l'écrivain indien Aijaz Ahmed a condamné son interprétation de l'histoire d'amour érotique qui surmonte les obstacles de caste. En plus d'être libellée anticommuniste, Roy a dû aussi faire front à la cour de première instance en raison de certains passages sensibles fortement évocateurs d'amour érotique inter caste, principalement entre une femme chrétienne de caste supérieure et un charpentier paria hindou, ce qui affecte profondément les normes socioreligieuses. De plus un avocat, Sabu Thomas, a porté plainte pour diffamation, les descriptions sexuelles et la fin du roman étant taxées d'érotisme. Il voulait que le dernier chapitre soit supprimé de peur qu'il ne corrompe ou pervertisse l'esprit des lecteurs. La cour Pathanamthitta avait

---

[4] ***Ouvrages censurés et contestés : Banned and Challenged Classics in American Library Association***
http://www.ala.org/ala/issuesadvocacy/banned/frequentlychallenged/challengedclassics/index.cfm

émis une assignation à comparaître à A. Roy de même qu'à la maison d'édition RST IndiaInk Publishing Company, dont le Directeur était Sanjeev Saith en 1997. Cependant, Pramod Navalkar, du Ministère des Affaires Culturelles du Maharastra, rétorqua que les communistes doivent accepter les principes démocratiques et ne peuvent prétendre restreindre la liberté d'expression même si elle ne correspond pas à leurs principes. D'autres critiques ont en revanche comblé d'éloges le roman en tant qu'œuvre d'art littéraire de valeur. En fait, louée ou critiquée, l'écrivaine rebelle s'acharne à lutter pour la justice et l'égalité dans une société déstabilisée par le problème socio-religieux des castes et les préjugés qui prouvent que plus de soixante ans après que Mohandas Karamchand Gandhi (1869-1948)[5] ait inventé le terme *Harijan* (enfants de Dieu), le système des castes hindoues est encore une question épineuse, d'une part, et d'autre part, que les préoccupations environnementales sont au cœur de nos vies tant à l'échelle locale que mondiale. Aussi paradoxal que soit le lien entre ces deux questions, il est resté une ligne de force de l'œuvre d'A. Roy.

Local vs. Global

En dépit des critiques à son égard, A. Roy se montre plus forte et courageuse, militant pour la protection de l'homme et de son environnement. Elle a utilisé habilement sa renommée et son énergie d'écrivaine ainsi que ses dons pour cet objectif. *La fin de l'Imagination (The End of Imagination*) (1998), *Le meilleur bien commun* (*The Greater Common Good*) (1999) publiés plus tard sous le titre : *Le coût de la vie* (*The Cost of Living)* soulèvent des interrogations fondamentales sur le prix réel du développement, que ce soit sous forme de barrages

---

5 Penseur, homme politique et dirigeant nationaliste indien Gandhi eut un rôle prépondérant dans la lutte pour l'indépendance de l'Inde sous l'empire britannique, et célèbre pour sa doctrine de résistance passive.

géants ou de bombes atomiques et méritent une extrême attention des militants, législateurs et érudits. Elle conteste l'idée que seuls les « experts »' peuvent s'exprimer sur des questions comme la guerre nucléaire, les coûts humains de la privatisation, la puissance de l'Inde alimentée par les entreprises américaines d'énergie et les barrages monumentaux.

Le meilleur bien commun (*The Greater Common Good*)

Le barrage de *Sardar Sarovar* est situé sur la cinquième plus longue Rivière en Inde occidentale, la Rivière Narmada, qui traverse le Madhya Pradesh et le Maharashtra avant l'État du Gujarat. Ce barrage était déjà prévu à l'époque de Jawaharlal Nehru (1947-1964)[6]. Soutenu par un groupe d'activistes, connus sous le nom de Narmada Bachao Andolan, ainsi que le mouvement populaire Save the Narmada et des écologistes indiens et étrangers qui militaient depuis plus d'une décennie, A. Roy a manifesté son mécontentement. Au lieu d'être une solution aux pénuries d'eau et un progrès pour l'Inde, le barrage, encore inachevé, serait une menace considérable en raison du déplacement de 40 millions de personnes, de la submersion de 245 des villages, des inégalités dans la réinstallation des personnes et des catastrophes environnementales. Elle indique que 60 % des 200 000 personnes susceptibles d'être déracinées par le projet sont les peuples tribaux : les *Adivasis*, pour beaucoup, analphabètes, qui seront privés de leurs moyens de subsistance et de leurs terres originales. Le projet du barrage menace les maisons de quelques 40 000 familles. Elle condamne aussi une société d'énergie américaine et le gouvernement indien de permettre aux grandes entreprises de s'enrichir en privatisant l'électricité dans un pays où des centaines de millions n'en ont pas. L'Inde, serait-elle ou non cette nation qui se soucie de l'état de son environnement naturel et du bien-être de ses citoyens moins privilégiés? Le projet de

---

6 Aussi appelé Pandit Nehru, il fut l'une des figures importantes de la lutte pour l'indépendance de l'Inde et du parti du Congrès avant de devenir le 1er Premier ministre de l'Inde.

Narmada consiste à construire à peu près 3000 barrages, petits et grands, inondant une série de vallées en Inde centrale. Aussi, A. Roy a fait don de l'argent du prix Booker ainsi que des redevances de ses livres au Narmada Bachao Andolan. Biensûr, en 2002, l'opposition au projet du barrage de Narmada a été attaquée par le Congrès et les dirigeants nationalistes Hindous du BJP au Gujarat (Parti du Peuple Indien). L'activisme de Roy lui a valu une citation à comparaître pour outrage par le Tribunal de la Cour Suprême de l'Inde qui l'a condamnée à être emprisonnée pour un jour symbolique et à payer une amende. L'historien de l'environnement, Ramachandra Guha a critiqué son activisme contre le barrage de Narmada pour sa tendance à exagérer ou simplifier, de même que l'activiste Gail Omvedt a exprimé son désaccord quant à la demande d'arrêt de la construction de barrages recherchant plutôt des solutions de rechange intermédiaires. Ainsi, l'activisme et les objections d'A. Roy aux constructions de barrages provoquent la haine et l'irritation de la classe dirigeante indienne du fait de son culte proaméricain et de son idéologie anti environnementale.

La fin de l'Imagination *(The End of Imagination*)

A. Roy désapprouve la décision de l'Inde de tester une bombe nucléaire et elle se demande pourquoi l'Inde construit une bombe quand plus de 400 millions d'Indiens sont analphabètes et vivent dans la pauvreté absolue. La bombe elle-même de par son pouvoir de destruction ne devrait pas être un projet pour l'Inde. Le livre a été publié par D.C. Books (Inde) et les droits d'auteur ont servi pour la campagne contre les armes nucléaires en Inde. De telles questions controversées n'ont pas encore reçu de réponses et nous invitent à entrer dans le débat sur les catastrophes écologiques et la détresse humaine.

Engagement envers l'égalité des droits et la liberté

A. Roy reconnaît que la lutte entre son engagement politique et son désir de se concentrer sur ses écrits est inexprimable et admet qu'elle ne peut pas analyser et résoudre tous les problèmes avec justice. En raison de son engagement pour la paix mondiale, elle s'est justifiée lors de l'Appel de la Haye pour la Paix / Conférence de la Société Civile des Pays-Bas en mai 1999, aux côtés de dignitaires comme le Secrétaire des Nations Unies, Kofi Annan, la première dame d'Afrique du Sud, Graca Machel, et le bâtisseur de la paix d'Irlande du Nord, John Hume. En janvier 1999, lors d'une réception dans son état d'origine, le Kerala, organisée par la *Dalit Sahitya Akademi*, elle a défendu la cause des intouchables en Inde et a souligné sa solidarité avec la lutte des *Dalits* pour la justice et l'égalité. Elle leur annonça qu'elle autoriserait cette académie à publier une traduction en Malayalam (langue officielle du Kerala) de son premier roman, et à garder toutes les redevances pour la promotion de la littérature *Dalit*, en gage de son soutien indéfectible à leur cause. En janvier 2006, elle a obtenu le prix *Sahitya Akademi* (prix national de l'Académie des Lettres de l'Inde) pour son recueil d'essais, *L'algèbre de la justice infinie*, où elle exprime son désaccord avec le gouvernement indien qui se rallie aux politiques américaines. En juin 2005, elle a participé au Tribunal Mondial sur l'Irak (World Tribunal on Irak). En août 2006, avec Noam Chomsky, Howard Zinn et d'autres intellectuels, elle a signé une lettre dans The Guardian, définissant la guerre du Liban comme crime de guerre et a accusé Israël d'être un « état de terreur ».. En outre, elle examine le véritable objectif de l'Amérique d'entrer en guerre, surtout après les événements du 11 septembre, notamment dans son essai *L'algèbre de la justice infinie*, inclus dans *La politique du pouvoir* (2002). Elle continue à s'impliquer dans les grandes questions controversées sur de multiples fronts dans le monde entier, comme son troisième volume de non-fiction: *Propos de guerre* (2003), en témoigne.

Que conclure si ce n'est qu'en effet, Roy est consciente que les individus ont différents modèles de perception et de pensées et par conséquent ne perçoivent pas les mêmes choses de manière identique. En tant qu'écrivaine du 'tiers' monde, elle représente une voix originale et son activisme féministe indien est bien vivant. La conception féministe indienne est illustrée par l'engagement des femmes dans l'environnement, la mondialisation ainsi que leurs droits indéniables à l'éducation et une vie décente dans un pays en lutte avec des préoccupations politiques, écologiques et économiques. Militante de l'environnement international, elle a élevé des conflits locaux à un niveau mondial de communication (de façon à atteindre le nombre maximal de lecteurs), comme dans le cas de Narmada, où Roy décrit l'Inde comme le théâtre de conflits écologiques et politiques avec une pertinence universelle. Elle s'est engagée pour la justice environnementale et la paix, partout dans le monde, un fait qui lui a valu les éloges autant des écologistes que des militants de la paix. Selon elle, ce qui est nécessaire, c'est d'accorder plus d'importance aux droits de l'homme, à la qualité de vie, à la gestion de l'environnement, l'économie écologique et autres sujets liés à l'amélioration de notre 'coût de la vie'. Elle ne cesse de montrer que le bonheur de l'humanité et le respect dû à la terre ne font qu'une seule cause. Mais, se protéger d'éventuels désastres requiert la volonté de regarder vers les décennies.à venir. Alors, qui brise les lois sur la Terre ? C'est à notre conscience « verte »' d'en décider.

Bibliographie sélective

ACLU report 'Banned and Challenged Books in Texas Public Schools', 1997
http://www.labnet.com/aclutx/pubed/banned.htma

GHOSH, Ranjan, Navarro-Tejero, Antonia *Globalizing Dissent: Essays on Arundhati Roy,* Routledge, New York, 2009.

PRASAD, Murari, ASCROFT, Bill (foreword) *Arundhati Roy, Critical Perspectives*, Pencraft International, Delhi, 2006.

ROY, Arundhati *The God of Small Thing,* IndiaInk, New Delhi, 1997.

---.*The End of Imagination*, D.C. Books, Kottayam, 1998

---.*The Cost of Living,* Flamingo, London, 1999

---.*The Greater Common Good*, India Book Distributor, Bombay, 1999

---.*The Algebra of Infinite Justice*, Flamingo, London, 2002

---.*Power Politics,* South End Press, Cambridge, 2002

---.*War Talk*, South End Press, Cambridge, 2003

Arundhati Roy Official Web *Site*.
www.jimpivonka.com/pages/arundhati.html

CHAPITRE 11

LE RASSEMBLEMENT DES TERRES INDIENNES ET LA CONSTITUTION DE LA FEDERATION INDIENNE

Ruby RAMASAWMY-GAZAY (Université Cergy Pontoise)

Cet article traite du rassemblement des terres indiennes et de la constitution de la fédération indienne en ce qui concerne l'union d'environ cinq cents états indiens avec le reste de l'Inde.

La Constitution de l'Inde a été adoptée par l'Assemblée constituante de l'Inde le 26 novembre 1949 et elle est entrée en vigueur le 26 janvier 1950. Elle représente la loi suprême du territoire indien car elle régit non seulement le cadre des principes politiques fondamentaux et définit la structure, les procédures, les pouvoirs et les devoirs du gouvernement, mais établit également les droits fondamentaux, les principes des droits et des devoirs des citoyens.

La structure politique telle qu'elle est stipulée dans la Constitution indienne est une Union fédérale. L'article 1 de la Constitution s'y réfère comme l'Union de l'Inde ou *Bharat*. Le terme « Union de l'Inde » doit être distingué de celui de « territoire de l'Inde ». « L'Union » se réfère seulement aux états qui sont membres du système fédéral tandis que « le territoire de l'Inde » inclut le territoire entier.

En 1858, la Couronne britannique s'empara du contrôle de l'Inde qui était jusque là détenu par la *East India Company*. La première loi concernant l'administration de l'Inde sous l'autorité directe du Gouvernement britannique fut promulguée par le Parlement à travers le *Government of India Act*, 1858. D'après cette loi, l'administration de l'Inde était exercée selon le principe d'un contrôle impérial absolu sans aucune participation du peuple indien. Un secrétaire d'Etat à l'Inde exerçait les pouvoirs de la Couronne et était aidé dans ses fonctions par un conseil de quinze membres que l'on appelait le Conseil de l'Inde. Ce conseil était composé uniquement de Britanniques qui étaient nommés par la Couronne ou qui représentaient les directeurs de la *East India Company*. Le Secrétaire d'État était responsable devant le Parlement britannique et dirigeait l'Inde par l'intermédiaire du Gouverneur-général qui lui, était épaulé par un Conseil exécutif composé de hauts fonctionnaires.

Néanmoins, ce qui par la suite rendit historiquement possible l'élaboration de la Constitution indienne fut un relâchement de ce contrôle impérial et une évolution vers un gouvernement autonome et responsable.

Selon le *Government of India Act*, 1858, l'administration du pays était rigidement centralisée, c'est-à-dire bien que le territoire de l'Inde ait été divisé en provinces avec un Gouverneur ou un Lieutenant-gouverneur à leurs têtes, ces gouvernements provinciaux n'étaient que de simples agents de l'Etat. Ils détenaient tous leurs pouvoirs du Gouverneur-général pour toutes les questions se rapportant au gouvernement de la province. L'autorité politique était exercée par le Gouverneur-général qui répondait au Secrétaire d'État.

C'était une administration totalement bureaucratique, le Secrétaire d'État ayant un contrôle total de l'administration indienne.

L'*Indian Councils Act* de 1861 introduisit une participation populaire avec le Conseil exécutif du Gouverneur-général qui, jusqu'ici composé uniquement d'agents de l'Etat, devait à présent inclure des représentants de la société civile.

Cependant, les membres de ce conseil étaient nommés et non élus et leur rôle limité à l'étude de projets de lois proposés par le Gouverneur général. Le conseil n'avait donc en aucune manière le pouvoir de critiquer les agissements de l'administration ni d'influer sur le comportement des autorités. La loi de 1861 prit des mesures similaires pour les Conseils législatifs dans les provinces avec toujours le même droit de veto accordé au Gouverneur-général.

L'*Indian Councils Act* de 1892 apporta quelques améliorations, car bien que le conseil législatif indien était toujours composé d'une majorité d'agents de l'état, des membres de la société civile étaient désormais nommés par des organismes locaux tels que les universités, les conseils régionaux, les municipalités.

L'*Indian Councils Act* de 1909 introduisit la première tentative d'une véritable représentation populaire avec des changements importants pour les Conseils législatifs des provinces.

Vint ensuite le *Government of India Act 1915* qui fut passé dans le seul but de consolider tous les précédents *Government of India Acts*.

Une autre étape constitutionnelle fut marquée par le *Government of India Act 1919* avec le rapport Montagu-Chelmsford qui entraîna quelques changements majeurs comme la « dyarchie », système de double gouvernement, dans les provinces. Conformément à cette loi, les questions de gouvernement devaient être réparties en deux catégories : centrales et Provinciales.

Au moment des réformes constitutionnelles qui menèrent au *Government of India Act 1935*, l'Inde était divisé en deux blocs : l'Inde britannique et les États indiens. L'Inde britannique était composée de neuf provinces avec à leur tête des gouverneurs et de quelques autres territoires sous administration du Gouvernement de l'Inde. Les États indiens quant à eux, comprenaient environ 600 États principalement gouvernés par les classes dirigeantes ou par des propriétaires. Presque la moitié de ces états était sous l'autorité de chefs héréditaires et avait un statut politique tandis que l'autre moitié était composée de propriétés ou *Jagirs* qui étaient accordées par les dirigeants britanniques à certaines familles ou à des particuliers pour services rendus.

Mais la principale différence entre ces états et l'Inde britannique était le fait qu'ils n'avaient pas été annexés à la Couronne britannique. Ils étaient toujours dirigés par des Chefs ou des Princes comme lorsque la Couronne prit le contrôle de la *East India Company* en 1858.

Cette situation changea avec la mission Cripps de 1942 dont l'objectif était d'organiser et d'installer dans la durée le destin politique de l'Inde britannique laissant les États indiens libres de leur statut. Pour la mission Cripps, il était évident que ces États indiens seraient enclins à joindre le mouvement de développement de l'Inde. La mission recommanda donc la création d'une Union de l'Inde qui comprendrait l'Inde britannique et les États indiens et qui s'occuperait des Affaires étrangères, de la Défense et des Communications, tous les autres pouvoirs étant gérés par l'État.

L'*Indian Independence Act* de 1947 rétablit la position des États indiens. Cependant, ces derniers s'étaient déjà rendus compte qu'il était dans leur intérêt de se joindre à l'un des deux dominions : l'Inde et le Pakistan car ils ne pouvaient plus continuer à exister séparément et de façon indépendante du reste du pays.

Au 15 août 1947, tous les 552 États situés à l'intérieur des zones géographiques du dominion de l'Inde sauf Hyderabad, le Cachemire et quelques autres s'étaient joints à l'Inde. Il devint donc nécessaire de doter ces nouveaux Etats indiens d'une administration viable et de leur trouver une place dans la structure constitutionnelle de l'Inde. Ceci fut fait en incluant plus de 200 États dans les Provinces respectives qui leur étaient géographiquement contiguës tandis que plus de 60 états furent convertis en zones administrées centralement. Cette forme d'intégration fut appliquée là où un contrôle central était jugé nécessaire pour raisons administratives ou stratégiques. Environ 275 états furent ainsi intégrés.

Les cas de Hyderabad et de Jammu-et-Cachemire étaient particuliers. Jammu-et-Cachemire s'était joint à l'Inde le 26 octobre 1947 et avait acquis le statut d'état, mais le Gouvernement de l'Inde voulut que cette accession soit soumise à la confirmation des habitants. C'est ainsi qu'une Assemblée constituante donna son approbation en novembre 1956.

Hyderabad ne se joignit pas officiellement à l'Inde, mais une proclamation fut publiée et elle reconnut l'intérêt de se joindre à l'Union de l'Inde et d'accepter la Constitution sous réserve de sa ratification par l'Assemblée constituante de l'état, ce qui fut fait en 1948.

Il est intéressant de noter que certains états qui furent d'importantes entités administratives, étaient délaissés une fois les plus petits états annexés aux provinces ou convertis en zones administrées centralement.

Le processus d'intégration aboutit au Constitution Act de 1956. Les États indiens perdirent leur identité et furent inclus dans une seule et même structure politique définie dans la Constitution de l'Inde.

Il s'en suivit, selon la Constitution de 1949, que Delhi devint la Capitale du territoire national indien.

Ce processus de réorganisation continue depuis lors et la tendance a été de conférer à certains territoires de l'Union ou à certaines régions autonomes des états, le statut d'"État".

Bibliographie sélective

Constituent Assembly Debates, Vol VII.
White Paper on Indian States, Gvt. Of India Publication, MS. 1 reproduit dans le Indian Law Review.
COUPLAND R, Sir. *The Indian Problem 1833-1935*, Londres, 1942.
STOKES Eric. *The English Utilitarians and India*, Oxford University Press, Delhi, 1979.
TINKER, H. *The foundations of Local Self-Government in India, Pakistan and Burma*, Londres, 1954.

QUATRIEME PARTIE

TERRE : ENJEUX CULTURELS, ENVIRONNEMENTAUX ET PHILOSOPHIQUES

CHAPITRE 12

NARDEP – ARCHITECTURE DURABLE VIVEKANANDA KENDRA, KANYAKUMARI, TAMIL NADU MERIDIONAL

Deborah JENNER (Université Paris 1 Panthéon-Sorbonne)

Non loin du site de l'Eveil de Swami Vivekananda, s'établit en 1986 le Projet de Développement des Ressources Naturelles pour les Etudes Ecologiques, conçu comme un projet intégral du Vivekananda Kendra, inspiré par l'incitation de Vivekananda a tirer vers le haut les masses foulées au pied. Au temps de *Swamiji*, non seulement l'Inde subissait la domination britannique, mais nombreux étaient ceux qui croyaient que l'industrialisation de l'Empire et l'exploitation des immenses ressources de l'Inde signifiaient « progrès » pour l'Inde elle-même. Vivekananda exhorta la jeunesse à « se dresser et s'éveiller » afin que l'Inde recouvre son ancienne liberté et sa gloire par une renaissance et une régénération, à la fois matérielles et spirituelles. Entre 1893 et 1902, il voyagea de par le monde, prêchant le renoncement et le service, non pas la complaisance et l'exploitation (*Tyaga* et *Seva,* pas *Bhoga* et *Soshan)*, dans le but de sauver la Terre en la protégeant de l'autodestruction. Compte tenu de l'œuvre réalisée tout au long de sa vie, nous discernons avec clarté que l'implication profonde de NARDEP avec la Terre, aujourd'hui constitue l'évolution naturelle de cette recherche.

En 1890, Vivekananda, disciple de *Shrî* Ramakrishna, moine itinérant de son état, partit en quête de l'âme de son peuple. Il se mit en marche depuis les monts de l'Himalaya jusqu'à la pointe méridionale de l'Inde, à Kanyakumari, en ce lieu extrême du sous-continent indien battu à la fois par les vagues de deux océans et d'une mer. En ce lieu, établi à la pointe où se rencontrent Orient et Occident, Vivekananda se posa la question de savoir si l'Inde était capable de s'en sortir. Ne pouvant trouver de bateau, il plongea dans l'eau et dépassa à la nage les deux rocs ; perché sur cet ultime morceau de Terre indienne, il tomba dans une profonde méditation en décembre 1892. Il perçut la tranquillité du centre, au cœur du tumultueux courant de vie, et vécut ainsi une expérience comparable à celle mentionnée dans le *Rg Veda* en termes de rythme englobant toute la matière. Il réfléchit sur la qualité intrinsèque de la Terre en tant que noyau stable, capable de tout endurer. C'est sur ce rocher qu'il eut la vision de sa mission divine : demeurant sur cette Terre attentive à ce qui est éternel, au-delà du temps, il devait à présent partir à l'étranger afin de contre-attaquer le matérialisme occidental, nocif pour les racines indiennes, afin de reconstruire sa mère patrie.

Dans les mois qui suivirent l'Eveil de *Swamiji,* fut programmée la *Foire mondiale de Chicago.* Cela marqua un changement pour l'Amérique qui, de pays à prédominance rurale devenait une nation industrielle moderne et urbaine, impliquée dans l'économie et la politique mondiale. Il songea que ceci pouvait fournir un modèle pour le développement de l'Inde. Alors que l'Exposition universelle de Paris en 1889 avait été, avec la Tour Eiffel, le couronnement glorieux de la Révolution industrielle, la Conférence de Chicago serait la première à célébrer la globalisation. Dans cet esprit d'intégration de la diversité, il y aurait un Parlement des Religions ainsi qu'un Pavillon des Femmes. Ces deux éléments témoignent d'un changement significatif par rapport au 19ème siècle, le passage du rationalisme européen à une logique de type plus intuitif, inspirée par l'Orient. La Foire officiellement nommée « L'Exposition de Colomb » célébrait le 400e anniversaire de l'arrivée de Christophe de Christophe Colomb qui, rappelons-le, avait confondu le Nouveau Monde avec l'Inde. A présent les sages de l'Inde accompliraient eux-mêmes le voyage afin d'ouvrir une nouvelle voie pour tous.

Grâce au soutien de Madras en conjonction avec H. H. de Mysore et de Ranmad, Vivekananda disposa des moyens nécessaires à une telle entreprise. Il se mit en route symboliquement vers l'Orient, gagnant tout d'abord le Japon, puis traversa l'océan Pacifique pour Vancouver et fit un périple terrestre au Canada pour aboutir à Chicago. C'est là que le

Parlement des Religions fut inauguré à la date étrange du 11 septembre 1893. Lorsque vint pour Vivekananda le moment de parler, il rejeta tout formalisme comme tout discours préparé et s'adressa directement aux masses dans un langage simple. Présentant l'hindouisme comme la mère des religions, il fut le seul à faire référence aux autres divinités, les intégrant à un seul Etre universel. La citation de la *Bhagavad Gîtâ* qu'il mentionna

> « Quiconque vient à moi, quelque soit la forme qu'il prend, je viens à sa rencontre », émut profondément l'assemblée. Des centaines de personnes s'attroupèrent autour de lui. Le *New York Herald* déclara :
> « Il est sans conteste la personnalité majeure du Parlement des Religions. Après l'avoir écouté, nous comprenons quelle folie cela représente d'envoyer des missionnaires dans cette nation dotée d'une aussi riche culture. »

Vivekananda demeura à Chicago environ douze jours, se rendant presque chaque jour à la Foire. Il vit, dans le bâtiment des Femmes, l'exposition d'œuvres d'art, d'artisanat, de livres, d'inventions, tous réalisés par des femmes, mettant en lumière diverses réalisations dans des domaines tels que les arts, la science, l'éducation et l'industrie. Le bâtiment lui-même avait été conçu par une femme architecte, Sophia G. Hayden de Boston. Des groupes de femmes composés de progressistes, la plupart du temps des épouses d'industriels de l'*Age d'Or*, animées par leurs propres idées sur le progrès dans les domaines sociaux et culturels, ne tardèrent pas à inviter Vivekananda à prendre la parole. Il put ainsi financer son séjour en Amérique et le prolonger environ de trois ans (1893-avril 1896).

Vivekananda trouva une inspiration auprès de ces femmes libres, cependant à la voix calme et posée. Sa correspondance écrite dès son retour en Inde restitue avec clarté ses impressions sur la société américaine. Ainsi écrit-il le 2 novembre 1893 dans une lettre adressée à Alasinga Pebumal, une partisane dévouée de Chicago :

> Si les hommes ne cessent, leur vie durant, de sacrifier leur vie à l'argent, les femmes se consacrent, en toutes les occasions

possibles, à se transformer et s'améliorer. Les hommes traitent leurs femmes aussi bien que possible, et elles sont de ce fait si prospères, si savantes, si libres et aussi si dynamiques. Mais comment se fait-il que nous soyons serviles, misérables, morts ? La réponse est évidente.

Il en tira cette conclusion : alors que les hommes visaient une expansion au détriment de la dimension religieuse, les femmes, de manière intuitive, vivaient cet épanouissement sans se départir aucunement de leur religion.

Vivekananda se mit spontanément en quête d'une approche pour l'Inde qui allie réforme sociale et spiritualité. Il jugea hypocrite le fait que la religion se tienne à l'écart des questions de réforme sociale ; en effet c'était précisément sous la férule de la religion principalement que les conditions économiques avaient généré des lois sociales dommageables. Il en tira la conclusion que puisque la religion avait interféré négativement dans le domaine social par le passé, il était nécessaire de rectifier cela à présent. Vivekananda écrivit en mars 1894 à Shashi Sanyal, un brahmin orthodoxe, en explicitant les détails de son plan dont les principaux éléments se résument comme suit :

> Notre *Gurudeva* ne disait-il pas : 'un estomac vide n'est pas bon pour la religion' ? (…) Va de village en village, diffuse le savoir, cherche de diverses manières à améliorer la condition de tous, en partant des Chandala, par l'enseignement oral, en utilisant des cartes, des caméras, des globes, et toutes sortes d'accessoires (…) Eveille les masses (…) Enseigne aux gens les arts de la vie ainsi que la religion (…) Le secret du succès des occidentaux tient à leur pouvoir d'organisation et de connexion. Rassemble les jeunes hommes instruits (…) une foule de pauvres de basse origine, même des *Pariah*, transmets-leur un enseignement à travers la lanterne magique. (…) Garde en tête ce mot d'ordre : élever les masses sans déprécier leur religion.

Les discours publics ultérieurs que fit Vivekananda en Amérique désamorcèrent l'idée même de progrès et de développement liés à la domination de la Terre, si populaire en Occident. Le 15 janvier 1896 son discours de New York intitulé 'Le *Vedânta pratique, l'âme, la nature et Dieu'* s'était donné pour but de démontrer que toute évolution présupposait une involution. Tels furent ses arguments : puisque Dieu est la cause de l'univers, et que l'univers est l'effet, Dieu est devenu l'univers. De ce fait la Terre ne peut et ne doit pas être disjointe de son unité intrinsèque avec la Réalité ultime. La science elle-même tend vers la redécouverte de cette unité sous-jacente. Que la chimie atteigne son but, et toutes choses se révèleront comme des états variés de la même réalité. De même en physique, il est maintenant prouvé que la chaleur, la lumière, l'électricité ne sont que des états différents de la même énergie. Il donna une explication des phénomènes sur Terre à travers la conduction, la convection, et la radiation, chacune s'orientant vers l'unité. Par exemple l'érosion et l'inondation ont montré ceci : « le terrain ondulé que nous apercevons à la surface de la terre tend à devenir plat ».

Le discours suivant, intitulé 'Le cosmos : le macrocosme', fut prononcé à New York le 19 janvier 1896 ; il analyse en détail cet aspect concernant l'énergie de la Terre :

> Nous savons que les immenses montagnes sont 'travaillées' par les glaciers et les rivières qui, lentement mais sûrement, les usent et les pulvérisent en sable, emporté dans l'océan, se déposant en son tréfonds, couche après couche, devenant dur comme un roc, celui-là même qui se hissera de nouveau, formant une montagne future.

Vivekananda considérait la destruction comme une phase naturelle, consistant à revenir à la cause première, par une simple transformation des parties, pour ainsi dire. Il insistait sur le fait que la forme manifestée, soit l'état grossier, constituait l'effet, alors que l'état subtil correspondait à la cause. Cette vision plus ample de transmutation apparaîtra fondamentale dans les projets écologiques futurs liés au recyclage. Plus encore, il pensait que l'homme devait agir, non pas dans un rapport de supériorité par rapport à la Terre, mais comme son meilleur représentant. Réfléchissant à une approche écologique du développement de l'Inde, il fournit l'explication suivante : « Si la loi de la conservation de l'énergie est vraie, vous ne pouvez rien obtenir d'une machine à moins que vous n'y introduisiez d'abord (cette énergie). (...) Ce n'est qu'une question de transformation et de manifestation. » Sa pensée économique se focalisa ainsi sur l'équilibre plus que sur la croissance, et se fit attentive au fait qu'il fallait restituer à la Terre tout ce qui lui avait été extorqué. Une telle théorie formait vraiment une attitude avant-gardiste à l'apogée de la révolution industrielle en Amérique. En fait Vivekananda ne faisait que revenir au sens originel de l'Economie en tant que « gestion domestique », pour laquelle la règle d'or est de rendre ce que l'on a pris, de telle sorte que tout ce que l'on retourne reviendra vers nous.

Notre monde moderne hélas prend à la Terre ce qu'elle a de bon et lui retourne du poison. En conséquence nous recevons de la Terre ce même poison. Je voudrais mentionner ici une étude récente de Ranchor Dasa, chercheur sur les questions environnementales hindoues, intitulée *Hindouisme et germes de vérité en écologie.* Il donne l'avertissement suivant : lorsque des sources étrangères de connaissance, d'origine extérieure à la famille ou à la communauté sont introduites dans le cycle de vie, l'équilibre de la vie économique s'écroule, alors qu'il s'était maintenu pendant des siècles.

Il apparaît avec clarté que les conférences de Vivekananda aux Etats-Unis ont semé des graines pour les approches écologiques contemporaines promues au centre NARDEP. Une autre de ses lettres écrites depuis New York en 1896 à Sarah Farmer donne quelques détails sur sa logique de réflexion : « En cet univers rien ne se perd, nous vivons au milieu de la mort *dans la vie* (...). Cela nous enseigne que la loi *(ultime)* n'est pas la destruction, mais une plus haute direction. » Par conséquent, comme la Conscience universelle est partout présente - sans exception, même dans le monde matériel -, la Terre est aussi sacrée. Dans ce sens des actions écologiques deviennent des pratiques sacrées. Ainsi, Vivekananda en appela à l'action sociale comme base de l'éthique environnementale orthodoxe. Son interprétation non duelle des *Upanishads* offrit une éthique égalitaire pour les animaux, les hommes et même le divin, puisque tous ne sont que des manifestations émanées de l'Un. Dans le même esprit, *Swamiji* songea que toutes les branches de la science devaient, en ultime ressort, converger, puisque la science n'était autre que l'étude des variations déployées par *Brahma* (le dieu créateur). Son intérêt pour de telles théories scientifiques progressistes l'emmena à entrer en relation avec M. Nicola Tesla, un scientifique qui explorait la transmission électrique et celle d'autres énergies; ce dernier pensait pouvoir démontrer mathématiquement que force et matière étaient réductibles à de l'énergie potentielle[1]. Tesla, qui fit la démonstration de ses inventions à la Foire de Chicago, fut hautement influencé par la pensée védique. Il découvrit le moyen de transférer l'énergie à travers l'espace au moyen de la résonance, en se fondant sur la conviction que l'espace existait (en soi) et émettait des ondes.

Vivekananda revint en Inde au terme de son périple autour du monde ; au lieu d'opposer la foi à la raison, il voulut favoriser le progrès, à la fois matériel et spirituel, encourageant les arts comme les industries. Ceci étant dit, Vivekananda avait mûrement réfléchi sur le soi-disant progrès durant son premier voyage en Occident, comme le montrait sa lettre de Detroit aux sœurs Hale : « cette tendance à tout rapporter au niveau des machines a donné à l'Occident sa fabuleuse prospérité. Et c'est aussi cela qui a rejeté la religion hors de ses murs. » Il comprit parfaitement qu'en échange d'un soi-disant progrès, bien des risques existaient d'une perte essentielle :

> Ne vous laissez pas illusionner par le grand discours omniprésent en Amérique sur le « progrès de l'humanité », et d'autres choses de ce genre. Il ne peut exister de progrès exempt d'une régression correspondante. (…) Au Moyen Age il y avait plus de voleurs, il y a aujourd'hui plus de fraudes. A telle époque prédominait l'agonie du corps, à telle autre règne celle de l'âme, multipliée par mille. [2]

En 1895 Vivekananda avait réalisé qu'en Occident, comme en Inde la puissance était entrain d'éclipser *Shakti* ou énergie :

---

[1] « Je dois aller le voir la semaine prochaine et m'informer sur cette nouvelle démonstration mathématique » écrit à New York, 13 février 1896 à E. T. Sturdy (un disciple anglais).

[2] Suisse 8 août 1896, lettre à J.J. Goodwin, un disciple anglais qui accompagna *Swamiji* en Inde, où il mourut.

« …on La vénère dans un esprit de gratification. Mais imagine quelle vie *meilleure* accomplissent ceux qui La vénèrent en toute pureté, dans un esprit *sattvika*, en La considérant comme leur mère. »[3]

Lors de son premier voyage aux USA en 1894, il avait adressé une requête à Shivannanda de retour en Inde afin d'entreprendre une mission : « Mon frère, je montrerai comment vénérer *Durgâ* vivante et seulement alors serait digne de mon nom. Je ne serai tranquille que lorsque tu auras acheté une portion de terre et que tu y auras établi la vivante *Durgâ*, la Mère »[4].

En 1899 Vivekananda partira pour un second voyage en Occident pour inspecter les œuvres qu'il avait lui-même fondées. Il réalisa que la majorité de l'humanité ne parvenait à saisir la *puissance* que lorsqu'elle leur était présentée sous une forme concrète, correspondant à leurs perceptions. La guerre, avec sa puissance et son acier, par exemple, était un élément tangible.

Vivekananda souligna le rôle de la *shakti* dans la régénération de la Terre. L'importance accordée à sa vénération prépara la base de réformes concrètes. Le *Karma yoga* était central dans son enseignement visant à mettre en place des réformes sociales souhaitables. Sa recherche consista en un effort pour modeler le monde matériel de telle manière qu'il devienne fiable pour son peuple. Il abhorrait *Tamas* (inactivité), sous couvert de la religion. Ce qu'il emprunta à l'Occident fut précisément cette qualité de lutte pour la liberté. Il rejeta toute imitation aveugle, et ne négligea jamais les valeurs spirituelles. Il adressa des messages à travers tout son pays : « Dresse-toi, Eveille-toi » dans le but que le peuple puisse lui-même s'éduquer de manière autonome. *Sarvodaya* 'L'Eveil pour tous' possède un retentissement considérable pour l'écologie. Il implique une relation durable sur le long terme entre les hommes et leur environnement naturel, précisément comme le *Swadeshi* ou autosuffisance est identifié à son pays. Plus tard

---

[3] Longue lettre à son disciple Ajit Sangh, Maharaja de Khetri.

[4] *Swami* Shivannanda fut disciple, puis Secrétaire, et à partir de 1938, Président de la Mission Ramakrishna Mathand .

NARDEP se référera également à l'anthropologie cosmocentrique de Gandhi qui dénonça le scandale du gaspillage.

Swamiji avait une conception précise sur le type d'instruction à donner, comme le montrait un extrait de sa longue lettre d'Avril 1897 adressée à Sarala Ghoshal, l'éditeur de *Bhârati* et nièce de Rabindranath Tagore :

> La plus grande partie de l'éducation s'adressant aux pauvres devrait être donnée oralement ; le temps n'est pas venu encore pour les écoles. Progressivement seront enseignées dans ces centres l'agriculture, l'industrie etc. ; des ateliers seront mis en place pour la transmission des arts. (...) Crée des centres pour les femmes, exactement comme pour les hommes (...) Les fonds nécessaires pour ces œuvres devraient arriver d'Occident. Et, pour cette raison, notre religion doit être prêchée en Europe et en Amérique.

Il refusa toute distinction entre sacré et séculier, Terre et Ciel. À ses yeux, le fermier, le champ, *l'étude ou atelier* représentaient des cadres aussi vrais et authentiques, pour rencontrer Dieu, que la cellule du moine. [5] « Cette terre est plus élevée que tous les cieux ; elle est la plus grande école de l'univers. »

Lors du centenaire de la naissance de Swamiji, une *Pierre commémorative pour toute l'Inde* fut érigée par un architecte, *Shri* S.K. Achari. Cette réalisation prit sept ans et fut inaugurée en Septembre, pour le 77ème anniversaire du Discours de Chicago. A la différence de la Statue de la Liberté, tournée vers la mer pour accueillir les immigrants, celle de *Swami* est tournée vers la Terre, la Mère-Patrie, précisément comme la pensée des indiens s'intériorise pour parvenir à la conscience. L'instigateur du mémorial, *Shri* Eknathji Ranade, établit les fondations pour le Vivekananda Kendra (fondé deux ans plus tard), une mission à visée spirituelle, destinée à convertir la

[5] Lettre de Swamiji adressée depuis Thousand Island Park en août 1895 à Madame Ole Bull qui fournit une part importante des finances pour le monastère de Belur.

ferveur spirituelle née du Mémorial en travaux de reconstruction nationale.

Le Kendra couvre 100 acres offrant un espace où l'homme peut entrer en communion avec la Nature, où la science et la technologie se mêlent harmonieusement à l'Héritage Culturel de l'Inde afin de s'élever au-dessus des effets assourdissants de la civilisation matérialiste. Ce centre met en place des programmes visant à faire évoluer les masses sans déprécier la religion, par un processus qui inclut la possibilité de réalisation personnelle et de régénération nationale à travers les bases (politiques), le développement durable et le soutien en cas de catastrophes naturelles. Aujourd'hui le Kendra englobe des centaines de centres dérivés et de projets d'aide.

NARDEP, *Projet pour le Développement des Ressources Naturelles*, constitue un projet intégral du Kendra amorcé en 1986. Il fut inspiré par l'appel de Vivekananda à tirer les masses vers le haut au moyen de la multiplicité plutôt que des multinationales. Sensible à la valeur de la diversité des acteurs, il trouve des solutions holistiques aux problèmes de la vie moderne, particulièrement concernant les besoins ruraux, dans une optique de décentralisation, favorable à l'écologie, adaptée, assurant équité et qualité, favorisant et autorisant ce qui est durable et spirituel. On peut voir en effet au cœur du Centre des personnes faisant une pause pour la *pooja*, nus pieds à même la terre, honorant l'Inde comme une mère (l'Inde-Mère).

Ayant conscience du caractère sacré de la Terre, le Centre recherche des moyens de rétablir cet état de fait, avec des constructions durables et à prix coûtant employant la brique (matériau issu de la terre), des dispositifs pour la gestion de l'eau, l'agriculture durable, l'énergie renouvelable. Tout ceci contribue à une vie meilleure et holistique. Les différentes technologies concernant la construction sont établies en relation avec les particularités des régions, en tenant compte des matériaux locaux, des conditions humaines, du climat, ainsi que des cultures locales. Il n'en reste pas moins que toute l'humanité éprouve le même besoin d'un habitat abordable confortable, durable, sain ainsi que de lieux de travail conçus et construits afin de maintenir voire d'élever la condition humaine.

Plus encore, l'agriculture verte emploie une méthode qui minimise l'impact de la construction sur l'environnement. La philosophie environnementale *Swadeshi* qui sous-tend le travail du centre inclut comme implications la non-violence et la non-dualité *(Ahimsa* et *Advaita).* Qu'il s'agisse des agences régulières ou du public, tous ont d'emblée accepté ces matériaux et concepts de construction innovants, non conventionnels, car ils garantissent une vie saine pour leurs occupants. NARDEP trouva une source d'inspiration chez Laurie Baker, un architecte anglais qui passa quarante ans de sa vie en Asie, à concevoir des hôpitaux modernes et des lieux d'accueils pour les lépreux apportant des améliorations. Il reçut pour cela le *Prix Pritzker* en 2006.

NARDEP promeut également des structures adaptables pouvant être recyclées plusieurs fois. Les technologies qu'ils diffusent se concentrent sur des pratiques de constructions en harmonie avec l'écologie, qui utilisent des blocs de terre compressée, une architecture utilisant des bâtons de bambous, des sacs de terre, des épis *(de maïs).* Le clayonnage est revêtu d'enduit de torchis, de chaume, de balles de foin, de pneus, de bouteilles de verre et de boîtes comme matériau de construction. Une attention spécifique est accordée à l'indice de confiance placée en la technologie de construction. De plus, tous les matériaux de construction doivent êtres disponibles dans un rayon de 80 kilomètres, comme cela fut proposé par Mahatma Gandhi.

Le centre introduisit dans les années 1980 un chaume ignifuge, chimiquement traité. Ils élaborèrent rapidement des plans de structures destinées à stocker l'eau, et d'infrastructures sanitaires. En fait l'aménagement et la gestion de l'eau est un facteur essentiel pour tous les projets depuis la récupération de l'eau des toits jusqu'au traitement de l'eau d'évacuation. Plus encore, la purification de l'eau *est* assurée par un système de plantes *Biogaz* qui traite les déchets[6].

Dès le début du nouveau millénaire NARDEP a mis en place des sessions de prise de conscience destinée aux maçons, aux ingénieurs et aux étudiants. En 2008 furent réalisées de nombreuses publications consacrées à un habitat à prix coûtant, résistant aux catastrophes. Leurs matériaux pédagogiques sont toujours inventifs. En 2010 par exemple, fut édité un recueil de chants tirés d'hymnes tamouls traditionnels ainsi que d'invocations à Ramakrishna qui inspirent et inculquent une manière de vivre en accord avec le développement durable. Depuis une date récente sont organisés des séminaires sur le changement climatique, les crédits carbone , énergies matérialisées, des audits sur l'énergie, et d'autres thèmes écologiques. Des congrès sont mis sur pied aujourd'hui dans le but d'étudier la construction de maisons écologiques, par exemple, en mars 2010, le Mauritius Ecobuilding (*le bâtiment écologique Mauritius*). Après un quart de siècle de travail exceptionnel, NARDEP a acquis une réputation internationale.

Le Parc Gramodaya du centre fournit un modèle de construction en harmonie avec une vie juste avec des échantillons de diverses constructions de briques, en parallèle à l'exposition permanente présentant les activités variées de NARDEP. Il permet aux visiteurs d'étudier avec exactitude les buts visés par ces projets. La mission de Vivekananda qui prône l'éducation de tous par des méthodes douces et suggestives n'a pas été oubliée.

L'accent mis par *Swamiji* sur l'importance de « se dresser et s'éveiller » (« Arise and Awake »), associant développement et spiritualité, est omniprésent dans le centre. Le drapeau du parc porte l'insigne du *Math* de Ramakrishna ainsi que le sceau de la Mission, imaginés par Vivekananda lui-même. On peut y voir

---

[6] Le *Biogas Manure* (BgM), produit dérivé des plantes *biogas* après la digestion de bouse ou d'autre *produit biologique*, à son tour, génère un gaz riche de méthane. BgM fournit également des nutriments essentiels, améliore la capacité de rétention de l'eau et l'aération du sol, accélère la croissance des racines et la germination des mauvaises herbes.

l'arbre symbolisant le monde végétal, la Terre qui soutient toute chose, le soleil, source ultime de toutes les énergies, physiques, mentales et spirituelles, les nuages porteurs d'espoir et suggérant l'élévation de la conscience, une eau bleue ondoyante, élixir de vie, ainsi que le cygne (symbole) de sagesse et de discernement.

Bibliographie sélective

Arise ! Awake !!Vivekananda Kendra Prakashan Trust, Chennai, Inde, 2008

Letters of Swami Vivekananda, ed. Advaita Ashrama, Calcutta, 1970.

DASA, Ranchor *Hinduism and Ecology Seeds of Truth,* Motilal Banarsidass, Delhi, 1994.

GOSLING, David L and SMART Ninian *Religion and Ecology in India and SE Asia,* Routledge, Londres, 2001.

GROTZ, Toby 'The Influence of Vedic Philosophy on Nikola Tesla's Understanding of Free Energy', *Mountain Man Graphics, Australia – Southern*, Automne 1997.

KANORIA, H. P. 'Swami Vivekananda's Thoughts on Women', *Enlightenment,* http://www.businesseconomics.in/?p=1061 mis en ligne le 15 mars 2011.

http://www.vivekananda.net/Lectures/LecturesColomboAlmora.

CHAPITRE 13

ECO-IMPERIALISME : DE PIERRE POIVRE A DARWIN

Joëlle WEEKS (Université de Paris1 Panthéon Sorbonne)

Piso, Willem (1611-1678) W. Piso, 'De Indiae Utriusque Re Naturali etMedica libri quatuordecim...' Amstelaedami : ApudLudovicum et Danielem Elzevirios, 1658 section three, Bontius, Jacob (1592-1631), p 70, gravure d'un Dronte (Dodo) © Welcome Trust

La colonisation a-t-elle eu un impact négatif sur l'environnement ? A –t-elle été synonyme d'une exploitation impitoyable de la nature et du pillage des ressources au profit des puissances colonisatrices ? N'a-t-elle pas été au contraire à la source d'une nouvelle sensibilité et d'une prise de conscience née des rencontres avec de nouveaux milieux et de nouvelles cultures ? Quelles approches ont émergé au point de contact entre science occidentale et savoirs indigènes ? Dans son ouvrage pionnier *Green Imperialism*, Richard Grove a soutenu que les origines de ce mouvement se situaient à la périphérie de l'empire et non en son centre et que les rencontres coloniales avaient nourri et produit des attitudes et des stratégies qui peuvent être considérées comme les fondements de la pensée écologique. Cette hypothèse est-elle valable ? C'est l'argument que je vais analyser dans cet article. Peut-on parler « d'impérialisme vert » ou de pseudo environnementalisme ?

L'image du dodo en tant qu'icône d'extinction, détournée par Lewis Caroll dans *Alice in Wonderland*, représente la perte emblématique d'une créature mi-fantastique, mi-imaginaire. C'est le moment critique qui marque l'émergence de la conscience écologique. Il conduit à la réalisation que l'homme en tant qu'acteur géographique et conquérant de terres vierges était un agent destructeur.

Les récits de voyage du 18ème siècle relatent comment dans les îles tropicales comme Sainte Hélène, l'île Maurice et l'Ascension, utilisées comme escales sur la route des Indes, certaines espèces telles les tortues qui abondaient dans les années 1650 avaient quasiment disparu quelques décennies plus tard tuées par les marins pour leur chair ou par simple plaisir. A l'inverse, l'introduction des porcs et des chèvres par les colons ainsi que l'invasion des rats détruisaient les récoltes causant famine et dévastation sur Sainte Hélène. Braudel écrit à ce sujet : « L'intrusion de l'homme dans ces paradis fut une innovation tragique. Ce qui fut détruit en Chine et en Europe fut un *Ancien Régime* biologique. »

Paradoxalement le passage de la prise de conscience écologique à la mise en œuvre de politiques environnementales se fit à pas de géant. Cette histoire embryonnaire de l'environnementalisme peut se lire à travers les rapports de l'homme à la nature, eux-mêmes dictés par des principes philosophiques, des impératifs économiques et politiques ainsi que des avancées scientifiques. Ces cadres ont imposé des modèles, des schémas et des stratégies qui reflètent selon Richard Grove le combat de l'homme face à l'angoisse de sa survie en tant qu'espèce.

Origines philosophiques et religieuses de la pensée environnementale

L'expansion européenne le long des routes maritimes stimulée par le capitalisme naissant et pilotée par les compagnies de commerce confronta les différents acteurs, marchands, marins et savants à une nature radicalement autre. Alors que le voyage constituait une aventure intellectuelle c'était aussi une expérience religieuse. A partir du 17ème siècle la veine physico-naturaliste qui impliquait de lire le projet divin dans la conception de l'univers dictait ses impératifs aux savants et érudits. C'était le devoir des érudits de comprendre et de discerner le sens des schémas de la création et c'était aussi reconnaître le pouvoir divin. Dans le même temps, cette appréhension intellectuelle impliquait une responsabilité morale. Car alors que le dessin divin plaçait l'homme au centre de la création, il impliquait en retour une gestion rigoureuse et responsable de la nature.

La même sensibilité religieuse et les mêmes cadres intellectuels inspirèrent la Hollande calviniste dans sa réévaluation de la nature comme voie menant à Dieu. En conséquence, après 1770, médecins et missionnaires exerçant en Inde se devaient de prêcher un évangile naturaliste.

Ces réactions philosophiques et religieuses face à la rencontre avec ces nouveaux univers étaient dictées par les observations des îles tropicales. Elles constituaient en effet un leitmotiv dans le discours sur la nature qui dictait les diverses approches. Dans son ouvrage fondateur, *Green Imperialism*, Richard Grove retient deux concepts déterminants à cet égard, celui de l'île et celui du jardin botanique comme métaphores définissant les rapports de l'homme à la nature. Mais il s'agit plus précisément de microcosmes et de champs d'expérimentation où les crises se déroulaient, les tensions se résolvaient et où s'élaboraient les programmes de conservation.

Au plan philosophique, politique et social l'île constituait le site où pouvait s'élaborer une société idéale. Dissension religieuse, réformisme et utopies pouvaient s'y épanouir. L'île déserte plus particulièrement possédait une dimension morale, culturelle et environnementale.

Dans la vision française de Rousseau et Bernardin de Saint Pierre, les îles devenaient le site idéal pour construire une société meilleure dont les garants était un ordre naturel condition essentielle pour maintenir une société parfaite. A la fin du 18ème siècle, après la vente de l'île Maurice à la Couronne de France, Pierre Poivre surtout célèbre pour ses expériences botaniques de transplantation d'arbres à épices et fondateur du Jardin des Pamplemousses qui devint le modèle des programmes successifs à travers l'Asie et l'Amérique, fit croisade contre l'esclavage. En prônant un nouvel ordre moral, Poivre formulait un concept rarement exposé auparavant qui était la symbiose de principes humanitaires et naturalistes.

Il y eu cependant des glissements significatifs dans les approches newtonienne et physiocrates de la gestion de la nature et simultanément les principes hippocratiques, qui reliaient climat, topographie et conditions de vie furent défendus et appliqués par William Roxburgh, intendant du jardin botanique de Calcutta entre 1778 et 1782. Dans le même esprit mais dans une approche résolument anti-positiviste, Humboldt et ses disciples soutenaient des notions plus globales appliquées à Sainte Hélène. Les concepts holistiques marquaient une rupture avec l'agenda positiviste et les principes bibliques qui hiérarchisaient la nature. Outre le fait que que ces différentes sensibilités émergeaient en Europe et en Asie au cours de cette période, il faut noter une forte identification entre préoccupations environnementales et sympathies réformistes qu'illustrent les campagnes des Quakers contre l'esclavage dès 1775.

D'autres réformistes, à l'instar d'Octavia Hill, fondatrice en 1893 du National Trust, combattirent avec la même ardeur pour des réformes du logement urbain, la préservation d'espaces naturels et des monuments d'intérêt historique. Selon Raymond Williams, l'impact aliénant du capitalisme triomphant entraîna l'émergence d'un « langage vert » qui était une réaction de la société victorienne.

Economie politique de l'environnementalisme (1650-1850)

> L'impact du capitalisme métropolitain fut destructeur en termes d'exploitation des ressources et en raison des motivations financières et du fonctionnement des compagnies de commerce. Il instaura une économie de plantation consacrée aux cultures commerciales intensives sur les îles océaniques. Il en résulta une déforestation massive pour les besoins de l'agriculture et de la construction navale. Cette logique démontre la contradiction entre le développement capitaliste et la préservation dune vision paradisiaque. (Grove 232)

Les activités des compagnies de commerce portugaise, anglaise, hollandaise et française entraînèrent en effet des dégradations de l'environnement tropical. Ces transformations furent d'autant plus évidentes dans ces îles qui servaient d'escales sur les routes maritimes vers l'Inde et l'Asie. L'impact résultait des demandes en nourriture et de l'implantation des colons qui modifièrent les pratiques agricoles. Dès 1765, une pénurie se fit ressentir sur l'île Maurice et les colons prirent conscience du caractère limité des ressources naturelles. De même, la valeur stratégique de Sainte Hélène dicta des méthodes de gestion agraire et une politique de conservation. Ce fut essentiellement la politique mercantiliste qui fut remise en cause par un groupe de savants (botanistes et chirurgiens) rattachés à la compagnie. Ils avaient été formés dans la tradition des Lumières et étaient adeptes de la physiocratie. Ils travaillaient à l'application de méthodes scientifiques à l'agriculture. Ces savants considéraient le mercantilisme comme un mécanisme d'accumulation de métaux précieux qui ne profitaient qu'aux actionnaires. A l'inverse les principes physiocrates appliqués aux méthodes de gestion agraire et les programme de conservation ne comportaient à leurs yeux que des avantages à la fois localement et globalement.

Dès 1770, un lien de cause à effet fut établi entre politique et environnement. L'impact de la domination britannique fut perçu comme néfaste. Il causait sécheresse et famine. En conséquence, la conservation devint partie intégrante du rôle du gouvernement d'autant que le personnel médical de l'East India Company était devenu un corps d'experts.

L'économie indienne avait en effet subi depuis le 17ème siècle des changements radicaux dont l'impact devait être contrôlé : de nouveaux centres urbains été nés, les structures du commerce avaient changé, le secteur manufacturier traditionnel avait été démantelé. De plus, la dépendance de l'état colonial vis à vis des revenus agraires avait causé de graves perturbations à tous les niveaux de l'économie.

Depuis 1760, l'approvisionnement en bois de construction avait été la priorité de la politique forestière anglaise. Paradoxalement, malgré la crise déclenchée par le conflit avec la France, la déforestation se poursuivit. En 1823, Munro alors gouverneur général, mit fin aux programmes sur la côte occidentale de l'Inde. Dès lors on assista à un long combat pour aboutir à une quelconque avancée dans le domaine. Le moment charnière qui mit fin à cette politique calamiteuse fut le résultat d'une étude sur les rapports entre climat et famine dans la province de Madras et au Bengale entre 1776 et 1825 menée par William Roxburgh, surintendant du jardin botanique de Calcutta. Celui-ci resitua les épisodes de sécheresse dans le contexte historique de 1780, il formula les critiques et détermina les changements dans les politiques conservationistes. Des programmes de protection des forêts furent mis en œuvre pour lutter contre les famines. Les critiques de la politique gouvernementale dans le domaine de la gestion des forêts, des impôts et de la famine incriminèrent essentiellement les politiques libérales. Le revirement dans ces domaines fut le résultat du rapport Gibson sur les conséquences économiques et climatiques de la déforestation. Il sonna l'alarme dans les plus hautes sphères du pouvoir. En conséquence le Conseil des Directeurs de l'East India Company décréta que le gouvernement assumerait la responsabilité de la gestion du domaine forestier. Ainsi fut créée la conservation forestière de Bombay en 1847, grâce au lobbying de Sir Joseph Hooker qui mit en avant les bienfaits économiques d'une gestion durable.

Antérieurement à 1700, la dégradation environnementale n'avait suscité ni analyses des processus ni programmes de contrôle environnemental. A partir des années 1840, les politiques furent le résultat de la relation entre un petit groupe de savants et de l'état colonial qu'ils servaient. Dans les colonies françaises, ces liens étaient plus étroits et permettaient les analyses et le contrôle rigoureux de l'impact de la domination européenne et d'une économie de plantation basée sur l'esclavage. Ces stratégies étaient d'autant plus efficaces qu'il existait des rapports institutionnels entre l'état, les botanistes tropicaux et la communauté scientifique parisienne. Ce groupe d'intérêt exerça une pression sans précédent en Europe métropolitaine.

Les théories sur les rapports entre le climat, la nature et la société établissaient un lien entre les vertus sociales, climatiques et politiques et constituèrent un puissant ressort pour déterminer le plan d'action du gouvernement colonial. Cette logique devait s'avérer efficace car l'émergence des premières mesures conservationistes reflétait le souci légitime de l'état de restreindre les libertés accordées aux activités du capital. Ainsi les politiques interventionistes et dirigistes associant protection de l'environnement et investissements des colons étaient inévitables.

Fondements scientifiques de l'environnementalisme colonial

Les îles tropicales constituaient le site privilégié de découverte, d'observation, de constats de dégradation et de plans de restauration, d'autant que les jardins botaniques insulaires et continentaux fournissaient une dynamique en tant que terrain d'expérience et point de transit qui permettaient acclimatation, transfert et circulation mondiale des espèces. Nul n'a plus clairement articulé le rôle charnière de ces sites dans leur influence sur la conscience écologique et la définition des contours de l'environnementalisme que le botaniste Pierre Poivre, fondateur et surintendant des jardins botaniques de l'île Maurice. Dans son périple autour du monde il avait acquis des connaissances approfondies du corpus chinois sur l'érosion, les inondations et la culture des arbres à épices. Pierre Poivre était un physiocrate passionné qui s'était distingué par ses transplantations d'épices visant à contourner le monopole hollandais sur ce commerce lucratif. Il créa Les Pamplemousses, jardin botanique de l'île Maurice qui devint l'inspiration de jardins d'acclimatation d'Inde et d'Europe pour que de nombreuses espèces puissent être adaptées et transférées en Europe, en Inde, en Afrique et dans les Caraïbes à travers un réseau dont l'axe reliait Calcutta aux Amériques avec l'île de Sainte Hélène comme point de transit.

Pourtant l'environnementalisme insulaire ne put atteindre une dimension globale que lorsque la science se professionnalisa entre 1789 et 1857. Selon Richard Grove, elle atteignit ce statut grâce à une triple dynamique. L'expertise se développa grâce aux travaux menés dans les jardins botaniques, à travers les voyages d'exploration et la création de sociétés savantes et de leurs revues. 1785 vit la naissance de la Société Asiatique du Bengale. D'égale importance furent les voyages d'exploration entrepris par Bougainville et Cook. Sir Joseph Banks finança l'expédition de Cook entre 1768 et 1771. Ce voyage embarquait des naturalistes dont le programme couvrait non seulement l'étude du biotope tropical mais examinait également le rapport des hommes à leur environnement et aussi l'impact de la pénétration européenne sur les sociétés exotiques.

A partir du milieu du 18ème siècle, les savants anglais et français travaillèrent en étroite relation et développèrent les théories climatiques sur la dessication, c'est-à-dire reliant couverture forestière, déclin des précipitations et déforestation au changement climatique. Ils soulevèrent des craintes concernant le climat qui aboutirent au programme de protection forestière du milieu du 19ème siècle qui couvrait les Antilles, l'île Maurice, Sainte Hélène et l'Inde. A partir de 1880 le département forestier contrôlait un cinquième de la surface de l'Inde, une superficie qui resta stable jusqu'en 1970.

Jusqu'au début du 18ème siècle, l'homme avait été perçu comme un acteur passif face aux forces du climat. Cette vision se modifia avec l'émergence des théories climatiques et sociales. Depuis Montesquieu et Hume les différences de comportements étaient attribuées au climat et l'hypothèse inverse indiquant que le climat était impacté par les activités humaines fut aussi avancée. Stephen Hales quantifia la relation entre l'air et la végétation, critiqua l'impact humain sur la qualité de l'air. De plus, les convergences tangibles entre théories et réalité d'un monde en mutation stimulèrent la tendance vers un conservationisme actif.

Les savants écossais qui constituaient la plus grande partie des employés de l'East India Company, en tant que chirurgiens et botanistes, avaient été formés dans la tradition des Lumières et adoptèrent non seulement une approche globale mais multifactorielle reliant déforestation, famine, climat et maladies.

Lorsque la Couronne de France acquis l'île Maurice en 1764, une révolution se produisait en botanique. Elle concernait la classification et la mutabilité des espèces et eut pour effet d'aiguiser la prise de conscience environnementale sur l'île Maurice. Avec Pierre Poivre émergea un discours d'expert qui désormais assurait sa diffusion à travers des réseaux de botanistes centrés au jardin du Roi et à l'Académie des Sciences. Il utilisa ce maillage afin de rendre crédibles et tangibles les nouveaux risques et dangers écologiques. Cette stratégie fut d'autant plus porteuse qu'il existait des liens institutionnels solides entre l'état, le jardin botanique tropical et l'institution parisienne. Dès 1770 un lobby puisa dans le corpus de publications sur la pensée environnementale en Europe, en Asie et en Amérique. Ce réseau assurait et stimulait le transfert régulier d'idées et d'innovation à travers la communauté scientifique. Ainsi les concepts de rareté et d'endémisme développés par William Burchell et Alex Beatson, tous deux botanistes à Sainte Hélène, furent repris par Darwin et lui fournirent ses meilleures données sur la dynamique de la population de l'île et les problèmes de.sélection naturelle.

Après 1840, des changements s'opérèrent dans les programmes scientifiques, universitaires et médicaux. De plus, les scientifiques n'étaient plus isolés comme précédemment mais intégrés à la communauté scientifique extérieure. Grâce à leurs revues, les sociétés scientifiques accéléraient et enrichissaient la diffusion des idées. La nouveauté de l'environnement indien donna une stimulation à une nouvelle élite scientifique et nourrit une renaissance intellectuelle. Les sociétés scientifiques publièrent massivement sur l'histoire naturelle, la médecine et l'ethnologie. La nomination de Sir William Hooker à Kew Gardens renforça les réseaux développés par Sir Joseph Banks 70 années plus tôt.

Au cours de cette période de nouveaux courants alternatifs se développèrent en parallèle à la pensée dominante et aux approches positivistes. Une réaction hippocratique à la crise écologique en Inde fut articulée par Roxburg dans les années 1770. Transféré de Madras à Calcutta comme directeur des jardins botaniques, il formula des réponses aux famines, à la pénurie de bois et à la déforestation en établissant une corrélation entre couverture d'arbres, atmosphère et caractéristiques atmosphériques. Crucialement, il articula l'interdépendance des facteurs environnementaux et humains. Dans une autre perspective, la position antipositiviste de Humboldt défendait une approche holistique et une économie morale de la nature grâce à l'intégration des savoirs indigènes. Il inspira l'école romantique qui remettait en cause la vision mécanique de la science et prônait non l'utilité et le contrôle mais la sagesse et la compréhension.

L'association d'une série de sécheresses entre 1830 et 1839, dans les années 1860 et entre 1877 et 1878, à la production et à l'impact du rapport Gibson sur les conséquences climatiques, économiques, sociales de la déforestation marqua un revirement radical des politiques et idéologies. Elle suscita un débat international sur le changement climatique. De nouvelles politiques associant connaissances empiriques dominantes et principes indigènes furent appliquées afin d'aborder frontalement le défi environnemental dans le monde colonial.

Conclusion

L'expansion coloniale européenne a été paradoxale en ce sens où elle constitua un système d'exploitation des richesses naturelles tout en étant le fer de lance de politiques écologiques qui ont inspiré l'idéologie contemporaine. Risques et craintes liées à la dégradation de l'environnement et à l'immobilisme de l'état furent rendues tangibles grâce à la vigilance de scientifiques, hommes de terrain. En conséquence, le statu quo ne pouvait pas se maintenir si les investissements des colons et les intérêts des compagnies devaient être protégés.

Plus significatif fut le rôle déterminant d'une petite élite de savants qui dicta des politiques environnementalistes qui déjà englobaient des problématiques humanitaires. En prônant une position résolument interventioniste, les idéologues du 19ème siècle articulaient clairement la nécessité d'acteurs globaux à même de gérer et de protéger durablement la terre et l'espèce humaine.

Famine in India: five emaciated children; a girl sitting and four boys lying on a mat. Photograph attributed to Willoughby Wallace Hooper, 1876/1878: ©Welcome Library.

Famine in Mysore, India: six emaciated men wearing loin cloths, five sitting and one lying on a mat. Photograph attributed to Willoughby Wallace Hooper, 1876/1878. ©Welcome Library

Bibliographies sélective

GROVE , Richard *Green Imperialism and Colonial Expansion: Tropical Island Edens and the Origins of Environmentalism, 1600-1860,* Cambridge University Press, Cambridge, 1994.

ENDERSBY, Jim. *Imperial Nature: Joseph Hooker and the practices of Victorian Science.* University of Chicago Press, Chicago, 2008

LACROIX, Jean Bernard, 'L'approvisionnement des ménageries et les transports d'animaux sauvages par la Compagnie des Indes au XVIIe' *La Revue française d'histoire d'Outre-mer*, t. 65, no 239, p. 153-179, Lorient, 1978,

MALLERET, Louis *Pierre Poivre, Les mémoires d'un voyageur,* École française d'Extrême-Orient, Paris, 1974

PEPPER, David *Modern Environmentalism : An Introduction* Routledge, Londres, 1996

THOMAS, Keith. *Man and the Natural World, Changing Attitudes in England, 1500-1800*, Allen Lane, Penguin Books, Londres, 1993.

CHAPITRE 14

TERRE SANS VOIX : LA PERTE LINGUISTIQUE A L'EPOQUE CONTEMPORAINE.

Ganesh DEVY (Université de Baroda – Inde)

Pr. G. N. Devy, fondateur de l'Académie tribale de Tejgadh, directeur du projet traditions orales et littératures en langues tribales, co-fondateur du DNT-RAG Denotified and Nomadic Tribes Rights Action Group

Parmi les chants révolutionnaires célébrés dans la langue bengalie, le plus connu est probablement *Awak Prithvi, Awak...* (*La Terre est sans voix*), de Sukanto Bhattacharya. Il y évoque à quel point la planète Terre est choquée de voir la souffrance des peuples causée par l'avidité sans bornes d'une poignée d'hommes, et l'insolence insensée du pouvoir qui mène à l'injustice. Ces paroles, écrites au siècle dernier, semblent bien plus correspondre à la période actuelle, marquée par la dévastation sans précédent des ressources naturelles, et la disparition alarmante des langues. Plusieurs prédictions s'opposent quant au nombre de langues qui pourraient survivre d'ici la fin du XXIe siècle. Les plus pessimistes, fondées sur la modélisation mathématique des langues, suggèrent que seules quelques langues internationales telles que l'anglais, le chinois, l'espagnol, le français et l'hindi survivraient à cette catastrophe. D'autres, s'appuyant sur la sociolinguistique conventionnelle indiquent que sur les 6000 langues parlées dans le monde, entre 300 et 1000 tout au plus pourraient survivre. Aucune de ces études ou enquêtes de terrain ne donne à toutes, ou à quasiment toutes ces langues une chance de survie. Les détails précis de ce désastre imminent se trouvent dans l'*Atlas des langues en danger dans le monde* (édition mise à jour, 2010). Dans l'histoire des civilisations, on sait que des langues sont apparues, et que même des langues importantes ont disparu. La naissance et le déclin d'une langue devraient normalement être considérés comme des processus naturels. Cependant, la vitesse à laquelle le nombre de langues diminue à notre époque est alarmante. Par ailleurs, les forces économiques mondiales ont mis en marche le développement d'une homogénéisation de la culture et des langues à un tel point que maintenir la diversité constitue aujourd'hui un défi comme nous n'en avions jamais connu.

Les langues menacées

C'est une tâche bien difficile que de devoir déterminer quelles langues sont les plus proches de l'état d'aphasie collective, lesquelles sont en passe de sombrer dans cet état, et lesquelles traversent simplement le processus naturel de transmigration. On peut à juste titre avancer que les données linguistiques dont nous disposons ne sont pas tout à fait adaptées à cette fin.

Dans son ouvrage *Linguistic Survey of India* (1903-1923) – dont les sources furent rassemblées au cours de la dernière décennie du 19ème siècle – Sir George Grierson avait identifié 179 langues et 544 dialectes en Inde. Le recensement de 1921 indique qu'il y avait alors 188 langues et 49 dialectes. Celui de 1961 mentionne quant à lui un total de 1652 'langues maternelles', dont 184 parlées par plus de 10.000 locuteurs. Parmi ces langues, 400 n'étaient pas mentionnées dans l'enquête de Grierson, tandis que 527 étaient désignées comme ' non répertoriées'. Par ailleurs, 103 'langues maternelles' étaient désignées comme langues 'étrangères'. Dans le recensement de 1951, on dénombrait 63 langues 'étrangères' parlées en Inde, ce qui représente donc 50 langues 'étrangères' en plus en l'espace d'une décennie.

En 1971, les données linguistiques offertes par le recensement étaient réparties en deux catégories : les langues officiellement répertoriées dans l'annexe VIII de la Constitution indienne, et les autres langues, avec un minimum de 10.000 locuteurs pour chacune d'elle. Toutes les autres langues parlées par moins de 10.000 locuteurs furent regroupées dans une même rubrique, « Autres langues ». Cette méthode fut également mise en pratique pour les énumérations qui suivirent. Le linguiste Uday Narayan Singh explique :

> Le problème avec les dénominations indiennes est que le recensement de 1961 avait fait état d'un si grand nombre de langues maternelles, particulièrement parmi les langues non répertoriées, qu'il faudrait calculer combien d'entre elles ont finalement survécu, ce qui est déjà une tâche colossale. Celles parlées par plus de 1.000 locuteurs ont de meilleures chances de survie au cours des décennies qui suivent, et cela concernait les 10 langues non répertoriées suivantes : l'adibhasha (4807), le bakerwali (5941), le beldari (2702), le jatapu (19.467), le kanjari (1810), le raj (1342), le sarodi (1354), le sohali (1576), le subba (1257), et le tirguli (1000). Quelques autres langues, telles que le bare (909), le kolhati (952), le khasal (778), l'inkari (732), et l'uchai (768) ont également de meilleures chances de survie. Mais on ne peut pas en dire autant de 47 autres langues. Il ne fait aucun doute que des vérifications préliminaires ont été réalisées par les autorités du recensement avant de diffuser les noms de ces langues. Mais dans tous les cas, nous devrions peut-être mettre de côté les 263 langues parlées par moins de cinq locuteurs pour des raisons évidentes liées à leur authenticité ou à la difficulté à les vérifier – cela reviendrait à étudier un nombre trop important de langues. (Singh 2006)

Dans la mesure où il est difficile de mener des opérations de recensement dans des pays ayant d'importants flux migratoires de populations, et étant donné que l'exactitude de ces opérations dépend largement du niveau d'alphabétisation, il n'est guère surprenant que les données ainsi récoltées ne soient pas suffisamment fiables pour faire autorité. Cependant, il est tout à fait étonnant de constater que 310 langues, dont les 263 langues revendiquées par moins de 5 locuteurs (cf. liste en note 1), ainsi que 47 autres revendiquées par moins de 1.000 locuteurs, aient pu arriver à ce stade. Ces 310 langues menacées comptent parmi les 1652 langues maternelles recensées en 1961, aussi discutable que puisse être la méthodologie suivie à cette époque. En d'autres termes, un cinquième de l'héritage linguistique de l'Inde a atteint le stade de l'extinction au cours du dernier demi-siècle. De plus, avec les méthodes d'enquête utilisées lors des trois derniers recensements, le risque que l'on passe à côté de davantage de pertes reste entier. On peut craindre que ceci ne concerne pas simplement un pays, mais que le phénomène soit d'envergure quasi mondiale, car les facteurs contextuels responsables du déclin d'une langue dans un pays constituent également le contexte de la modernité dans d'autres nations du monde.

En Inde, cette perte linguistique ne concerne pas simplement les langues mineures et les dialectes non répertoriés, mais aussi les langues principales qui ont de longues traditions littéraires et un riche héritage d'écrits de fiction et philosophiques. Dans les communautés qui affirment avoir pour langue maternelle des langues littéraires importantes, telles que le marathi, le gujarati, le kannada et l'oriya, les jeunes générations n'ont quasiment pas de contact avec le patrimoine écrit de ces langues, alors qu'elles les parlent en tant que langue maternelle. Il n'est certainement pas faux de dire que, de par le monde, des personnes paient un lourd tribut au développement mondial en ce qui concerne leur héritage linguistique. Cette condition linguistique peut être décrite comme condition d'acquisition linguistique partielle, dans laquelle une personne parfaitement alphabétisée, avec un niveau d'éducation relativement élevé, est capable de lire, écrire et parler une langue autre que sa langue maternelle, mais ne sait que parler et non pas écrire la langue qu'il ou elle revendique comme étant sa langue maternelle.

La réorganisation des états indiens après l'Indépendance a été faite suivant des critères linguistiques. Les langues ayant des écritures ont été prises en compte tandis que celles qui n'en avaient pas, et qui n'avaient donc pas de littérature écrite, n'ont pas obtenu d'état. Les établissements d'enseignement ont été fondés uniquement pour les langues officielles. Celles non dotées d'écritures, même si elles avaient un riche héritage de sagesse transmis oralement, n'ont pas eu la chance d'avoir leurs propres établissements d'enseignement. Cependant, l'article 347 de la Constitution indienne leur garantissait une protection, on peut ainsi lire :

> Si une demande est formulée en ce sens, le Président peut, s'il estime qu'une part importante de la population d'un État souhaite que l'utilisation d'une langue parlée par eux soit reconnue, ordonner qu'elle soit officiellement reconnue dans tout ou partie de l'Etat pour des raisons qu'il pourra spécifier.

Par conséquent, la responsabilité en matière de perte et de transfert linguistiques, de déclin du patrimoine linguistique ne peut être imputée uniquement à des facteurs structurels. Il apparait qu'un autre facteur, plus irrésistible, soit à l'œuvre, à savoir le discours du développement dans un monde qui se globalise rapidement. On note de nos jours en Inde, comme dans d'autres pays d'Asie ou d'Afrique, un vif désir chez les parents d'instruire leurs enfants en anglais, en français, ou en espagnol, dans l'espoir que ces langues donnent à leurs enfants une certaine visibilité lorsque, un fois plus âgés, ils évolueront dans le marché international du travail. Ce besoin a eu des répercussions sur la structure de l'enseignement, favorisant ainsi comme jamais auparavant les langues internationales.

L'enseignement et la protection des langues

L'argument en faveur de l'éducation des enfants, au moins dans le primaire, qui favorise un développement sain de leurs capacités intellectuelles, est effectivement irrésistible. Cependant, l'argument inverse, qui consiste à dire que les enfants qui ne sont pas éduqués dans leur langue maternelle ne développent pas pleinement leurs capacités intellectuelles, doit également être repensé. Si l'on considère que la littérature correspond à l'usage le plus complexe de la langue, on peut alors supposer que les enfants n'ayant pas reçu d'éducation dans leur langue maternelle ne seront pas capables d'en apprécier pleinement la littérature, et encore moins d'en produire. Et pourtant, l'histoire montre qu'une telle hypothèse est sans fondements solides. On sait bien que certains des plus grands écrivains du monde n'ont pas eu d'instruction dans les langues qu'ils ont utilisées pour leur création littéraire. Shakespeare a étudié en Latin, tout comme Milton. Dante n'a pas étudié en italien. Valmiki et Kalidasa, dont les parcours sont quelque peu flous, n'ont pas été éduqués en sanskrit. On ne sait pas très bien si Jean Genet avait vraiment reçu une éducation en français, ou si William Butler Yeats avait reçu une éducation en gaélique. À l'époque de Chaucer, les élèves anglais devaient étudier le français, et non pas l'anglais. En fait, ce n'est qu'à la période du mouvement chartiste que l'anglais fut inscrit au programme des écoles d'Angleterre, lorsque la question de l'éducation des enfants issus de la classe ouvrière fut posée.

Au début du 19ème siècle indien, une question intéressante fut au cœur des débats du mouvement de réforme sociale lorsque des intellectuels bengalis insistèrent pour que l'enseignement soit fait en anglais, tandis qu'un officier anglais comme Mount Stuart Elphinstone soutenait qu'il serait préférable que la scolarisation soient faite en langues indiennes. Ce débat prit fin en 1835, lorsque Lord Macaulay recommanda dans son célèbre 'Minute on Indian Education' (circulaire sur l'instruction publique en Inde) que l'anglais soit le vecteur de toute éducation sérieuse en Inde. Il est tout à fait remarquable de constater que, depuis lors, les écrits en langues indiennes modernes ont pris leur essor. Ces arguments ne visent pas à vider de toute substance l'idée selon laquelle l'enseignement dans la langue maternelle est le mieux adapté aux jeunes apprenants. Je fais simplement remarquer que l'insuffisance de l'accès à l'éducation en langue maternelle n'est pas une situation culturelle suffisante pour détruire la créativité humaine. La condition la plus grave est celle d'une communauté linguistique qui n'a plus aucun espoir de survie.

Lorsqu'une communauté linguistique en vient à penser que l'éducation dans une autre langue sera le moyen même de sa survie, la communauté en question décide de s'adapter à la nouvelle situation linguistique. Il serait donc pertinent de se demander si tout ceci n'est pas inhérent au discours dominant sur le développement dans le monde contemporain, qui nécessite une diminution du patrimoine linguistique mondial, ce qui implique une sorte de 'phonocide'. Si tel est le cas, ce qui implique une étude de l'économie et de l'imaginaire politiques, l'avenir des langues humaines est plus qu'inquiétant. Les communautés qui sont d'ores déjà marginalisées dans leur contexte local ou national, celles qui sont déjà minoritaires dans leur contexte culturel, ainsi que celles qui ont déjà été dépossédées de leur capacité à faire entendre leurs préoccupations, sont évidemment placées en première ligne pour ce 'phonocide'.

Dispositions structurelles et réponse de la communauté linguistique

En Inde, l'enseignement universel est une obligation pour les parents et un droit pour l'enfant. L'école publique est presque gratuite et même les plus démunis ont clairement les moyens d'y avoir accès. Un service de cantine est mis en place pour les enfants, de sorte que l'insécurité alimentaire ne les tienne pas éloignés de la classe. Le gouvernement fédéral et les gouvernements des États abordent la question de l'éducation comme l'une de leurs responsabilités premières. Le travail des enfants a officiellement été déclaré illégal, et l'enseignement supérieur est même devenu gratuit pour les femmes dans plusieurs États. Des dispositions spéciales sont mises en place pour les enfants issus de milieu particulièrement défavorisés[1]. L'État indien administre des écoles primaires dans une cinquantaine de langues indiennes et dans plusieurs langues dites 'étrangères'. L'alphabétisation des adultes et l'éducation non formelle sont toujours mises en avant. Des garanties constitutionnelles sont inscrites dans les programmes d'enseignement afin de promouvoir toutes les langues officielles. Le *Central Institute for Indian Languages* a pour mission d'élaborer des supports pédagogiques dans les langues marginalisées et minoritaires.

En dépit de ces efforts, les locuteurs de beaucoup de langues marginalisées, et en fait même de quelques langues principales, semblent afficher une étrange indifférence pour le maintien de celles-ci. Un nombre impensable d'enfants s'inscrivent dans des écoles onéreuses où l'enseignement est fait en langue anglaise. En somme, l'enseignement vise à permettre aux enfants d'intégrer l'un des 45.000 établissements d'enseignement supérieur d'Inde, à plus de 60% spécialisés dans les technologies de l'information. Lorsqu'un enfant intègre un établissement où l'enseignement est dispensé en langue

---

[1] Elles prévoient un système de discrimination positive en faveur des basses castes (les *scheduled castes*) et des tribaux (*les scheduled tribes*).

indienne, ceci est perçu comme le commencement d'un handicap social. Dans ces circonstances, la protection des langues, tout particulièrement celles dont la préservation est difficile, demeure une tâche considérable – et il ne s'agit pas là d'un défi qui peut être relevé simplement en initiant des changements structurels. (2)

Le rapport du recensement de 2001 indique que la catégorie des langues Bhilli a enregistré une augmentation de 100% du nombre de locuteurs, tandis que l'augmentation de la population de la zone géographique concernée n'est que de près de 15%. Par conséquent, les chiffres concernant les locuteurs des langues Bhilli doivent être lus en parallèle de ceux des langues importantes voisines. Lorsque ceci est fait, il devient clair que près de quatre millions de personnes ayant auparavant identifié le Gujarati ou le Marathi comme étant leur langue maternelle (c'est-à-dire la langue de leur état de résidence), affirment aujourd'hui que leur langue maternelle est une des variétés du Bhilli. Pour les langues autochtones, cette augmentation est exceptionnelle. Dans ce contexte, il faudra tenir compte du rôle joué ces deux dernières décennies par un programme de développement axé sur la langue et qui fut amorcé par l'*Adivasi Academy*, elle-même rattachée au *Bhasha Research Centre*. Ce mouvement a placé la prise de conscience du patrimoine linguistique au cœur du programme de développement lancé au sein des communautés Adivasi. Près de 300 travailleurs sociaux ont été formés dans la langue et l'idiome local afin d'intervenir dans plus de mille villages. L'agriculture biologique, la médecine et autres pratiques de soins traditionnels, les chants folkloriques et les récits oraux, les pratiques pédagogiques locales, l'art et l'artisanat Adivasi sont devenus centraux dans le discours sur le développement dans cette région. A l'*Adivasi Academy*, des cours d'enseignement supérieur ont été introduits pour promouvoir un développement alternatif et durable. Toutes ces mesures ont déclenché un désir de survivre et une énergie linguistique inégalés parmi les autres communautés Adivasis du pays.

Grâce à l'intervention des acteurs de la société civile en Inde, intervention fondée sur les droits des individus, les membres tribaux se sont mis à écrire ces dernières années.

Plusieurs langues tribales ont dorénavant leurs propres écritures ou ont recours aux écritures de langues officielles. Il y a environ quarante ans, lorsque la nation commençait à s'intéresser à la littérature dalit, il était courant de faire l'amalgame entre les écrivains tribaux et le mouvement dalit. Au Marathi, par exemple, Atmaram Rathod, Laxman Mane et Laxman Gaikwad, tous issus de communautés tribales nomades, furent salués comme des écrivains dalits. A cette époque, le nord-est n'était rien de plus qu'une rumeur pour le reste de l'Inde. On avait peut-être conscience des collections monumentales présentées par Elwin Verrier, mais on ne soupçonnait guère qu'il puisse y avoir une créativité tribale d'envergure. Ce n'est qu'au cours des vingt dernières années que plusieurs voix et travaux tribaux ont commencé à faire sentir leur présence. C'est ainsi que *Kochereti* de Narayan (écrivain de la région du Kerala) et *Alma Kabutri* de Maitreyi Pushpa (écrivaine du nord de l'Inde) ont surpris les lecteurs à peu près à la même période que l'apparition de traductions en anglais et en hindi respectivement des anthologies de la littérature Mizo par L. Khiangte, de la littérature Khasi par Desmond Kharmaplang et de la littérature Garhwali par Govind Chatak. Cela a rendu possible la publication de *The Painted Words* (Penguin India, 2002), une anthologie de la littérature tribale traduite en anglais.

Les deux dernières décennies ont montré que la littérature tribale n'est plus constituée simplement des chants et des contes folkloriques, car elle comprend à présent des genres plus complexes, tels que le roman et le théâtre. Le Budhan Theatre de Daxin Bajarange, situé dans la ville d'Ahmedabad, a produit des pièces étonnamment originales, modernes de par leur forme et contemporaines de par leur contenu. Des revues mineures, telles que *Chattisgarhi Lokakshar* et *Dhol*, ont commencé à paraître, fournissant ainsi un espace d'expression aux poètes et écrivains tribaux. *Aam Admi* (*L'homme du peuple*), de Ramanika Gupta a contribué de manière significative à ce mouvement. Des conférences littéraires, qui constituent une tribune pour les écrivains tribaux, sont fréquemment organisées à Ranchi, dans l'état du Jharkhand, et à Dandi, située dans l'état de Gujarat. Parmi les activistes tribaux du pays, il y a dorénavant une prise de conscience du fait que l'identité et la culture tribales ne peuvent être préservées si la langue et la littérature tribales ne sont pas mises en avant. Chaque continent a sa propre histoire – ou ses récits – de l'expérience coloniale, de la marginalisation des indigènes, de leurs combats et de l'émergence de leur voix dans la littérature nationale.

Ceci n'est pourtant pas l'histoire de la majorité des langues autochtones d'Inde. Cette situation n'est pas non plus très différente dans la plupart des pays d'Amérique Latine, d'Afrique et d'Asie, où quelques langues et cultures autochtones ont fait preuve de résilience, tandis que d'autres sont laissées à l'abandon et ont perdu le courage et l'envie de survivre. Gabriel Estrada prend ainsi l'exemple du Nahuatl :

> Le Nahuatl est une ancienne langue autochtone d'origine uto-aztèque qui s'étend aujourd'hui de l'Amérique Centrale au Canada. On en trouve de nombreux dialectes à Mexico et elle est aussi linguistiquement associée aux peuples Pipils du Salvador, aux Wixarica, Cora, Yoeme, Coahuiltec, Raramuri, Opata, O'odham, et Tepehuan de Mexico, ainsi qu'aux populations Hopi, Comanche, Coahuilla, Paiute, Ute et Shoshone qui s'étendent de Mexico au Canada, en passant par l'ouest des États-Unis. Selon une théorie linguistique, ces populations ont pu avoir un passé commun dans le sud-ouest des États-Unis avant de se séparer et d'évoluer à travers l'Amérique du Nord. Au XVIe siècle, à l'époque de la conquête espagnole, le Nahuatl était une *lingua franca* parlée par des dizaines de millions de peuples autochtones. Selon le recensement mexicain de 1990 (Gordon 2005), « les locuteurs de toutes les variantes du Nahuatl » étaient au nombre de 1.376.898 à peine dix ans avant le commencement du troisième millénaire. Aujourd'hui, les communautés Nahua se battent pour préserver leur langue car elles sont confrontées à l'urbanisation, au libre-échange et aux pratiques éducatives modernes qui favorisent la culture populaire et l'utilisation de la langue espagnole. (Estrada 2008)

L'exemple opposé à celui du Nahuatl est le cas des aborigènes australiens, qui ont connu un nouveau dynamisme avec la création du Garma Festival, comme l'explique Peter Phipps :

> En 1999, Galarrwuy Yunupingu a créé le *Garma Festival of Indigenous Culture* avec son tout aussi célèbre frère, Mandawuy, leader du célèbre groupe de rock Yothu Yindi. Les frères Yunupingu, chacun d'eux ayant été reconnu « Australien de l'année », ont mis en place cette initiative politico-culturelle unique au sein de la structure organisationnelle qu'est la Yothu Yindi Foundation, appuyée par une alliance des clans Yolngu, et principalement les Gumatj-Rirratjingu. Ces deux frères étaient peut-être les seuls en Australie à disposer des qualités et des ressources nécessaires pour aller au-delà de l'ignorance générale des réalités autochtones et permettre une avancée culturelle dans le processus de décolonisation. Au fil des années, l'énergie créative de Mandawuy Yunupingu et l'élan politique de Galarrwuy, s'appuyant tous deux sur leur bonne connaissance des lois et de la vie culturelle Yolngu, ont permis d'établir un réseau bien développé de talents et d'appuis issus de toute l'Australie, ainsi qu'un réservoir de bonnes volontés, particulièrement parmi les 'sudistes' cultivés des villes, comme la population du sud-est de l'Australie est connue plus au nord. Mandawuy a obtenu un diplôme universitaire 'du sud', et il fut le premier directeur d'établissement autochtone en Australie, au Yirrkala Community Education Centre, un établissement bilingue. Son groupe de rock biculturel a conquis un public international, ce qui leur a permis de percer dans le monde de la musique australienne avec la chanson ouvertement politique « Treaty », un titre à succès de 1992. (Phipps, 2008)

L'expérience d'abord vécue se formalise ensuite dans l'esprit des locuteurs par le biais de la langue. Ces formes verbales font l'objet d'échanges et de transactions entre les membres d'une communauté. De même, ces transactions rendent possible l'existence de la communauté, les deux allant de pair. Au fil du temps, les gens découvrent, empruntent et, plus rarement, inventent des méthodes pour fixer les savoirs ainsi que des systèmes de représentation, tels que l'orthographe. L'orthographe est quelque chose d'onéreux, il en a toujours été ainsi. Il faut compter des années pour qu'une personne acquière la maitrise des règles et fluctuations des systèmes de représentation. Par conséquent, l'accès à la connaissance tend facilement à devenir le monopole d'une certaine classe qui a les moyens d'offrir à leurs enfants le temps requis pour ‘apprendre’. C’est là que l’apprentissage ‘naturel’ et l’‘apprentissage’ en classe divergent.

L’histoire montre que l’apprentissage en classe génère sa propre rhétorique afin de justifier sa supériorité intellectuelle sur l’expérience sensorielle, qui constitue en fait la base de toute connaissance humaine. Par la suite, cette rhétorique acquiert sa place dans les principes fondamentaux des systèmes cognitifs, au même titre que la logique, la rationalité, la véracité. L’histoire humaine est en quelque sorte l’histoire d’un conflit entre apprentissage et expérience, entre rationalité et imaginaire, entre hémisphères gauche et droit du cerveau. Ainsi, la connaissance est un mode de répression et l’étude des systèmes cognitifs des Adivasis doit commencer par une définition suffisamment précise de ce que signifie la connaissance et ce qu’implique le fait de la considérer en tant que système.

Acteurs de la société civile et communautés linguistiques

La préservation des langues doit être considérée comme une tâche bien différente de la protection des monuments. Les langues sont, comme toute personne étudiant la linguistique le sait, des systèmes sociaux – systèmes sur lesquels tous les autres facteurs sociaux ont une incidence. La langue en tant que système social a une existence objective en ce sens que des dictionnaires et des grammaires peuvent être rédigés, et que les langues peuvent être orthographiées, transcrites puis polycopiées, ou enregistrées, devenant ainsi des documents et des objets. Ceci dit, une langue ne saurait exister indépendamment de l’esprit humain – ni divorcée de sa communauté linguistique. Elle en dépend pour sa survie. Ainsi, il est tout à fait logique que la protection d’une langue implique la protection de la communauté qui la pratique.

Entre la conscience collective d’une communauté et la langue qu’elle utilise pour exprimer cette conscience, il y a ce que l’on appelle la ‘vision du monde’ de cette communauté. La protection d’une langue présuppose donc que l’on respecte la vision du monde de sa communauté linguistique. Si cette communauté pense que le destin de l’homme est d’appartenir à la terre, et qu'il ne s'agit pas de l'offenser en affirmant que celle-ci lui appartient, la langue de cette communauté ne peut être préservée si on l'invite à embrasser un imaginaire politique qui accepte le pillage des ressources naturelles au nom du développement. Dans une telle situation, la communauté n'aura que deux options : elle pourra soit rejeter l'Utopie qui affirme le droit des individus à exploiter les ressources naturelles et en faire des biens exclusivement commerciaux, soit rejeter sa propre vision du monde et sortir du système linguistique qui la lie à cette conception.

Le but de l'UNESCO est louable, et la situation des langues du monde – tout particulièrement les langues des peuples autochtones, des communautés marginalisées et minoritaires, ainsi que des cultures qui ont subi, ou continuent de subir, une domination culturelle étrangère – est devenue précaire. Il n'est pas trop tôt pour sonner l'alarme. Mais il serait trop ambitieux d'espérer que cette tâche puisse être réalisée, même modestement, simplement en se contentant d'en confier la responsabilité à l'État. Cette mission devra être accomplie par l'État mais aussi indépendamment de celui-ci, par un grand nombre d'acteurs de la société civile – les universités, les académies de lettres et de langue, les sociétés et associations de bénévoles, les organisations non-gouvernementales, les intellectuels, chercheurs et activistes.

La création de textes, de dictionnaires, de glossaires et de grammaires dans les langues en déclin sera utile. De même, la documentation, la muséification et l'archivage seront aussi utiles. Cependant, si l'on souhaite que les langues survivent, on doit accorder aux communautés linguistiques la dignité et le respect qu'elles méritent, non pas en tant qu''autre' anthropologique, ni comme dernier vestige primitif de l'homme, mais en tant qu'elles méritent le respect pour ce qu'elles sont.

Il faut des siècles pour qu'une communauté crée une langue. Toutes les langues créées par la communauté humaine constituent notre patrimoine culturel collectif. Par conséquent, il en va de notre responsabilité collective de s'assurer qu'elles n'aient pas à subir le 'phonocide' généralisé qui déferle sur le monde.

Notes

1. Langues non répertoriées (1971), langues maternelles (1961) :

Abhahatik, Adnis, Agsula, Ahenai, Aia, Alam, Anharic, Araji, Ascrini, Ashai, Ashia, Aurkhati, Badhri, Baha, Bakatan, Balhapuri, Baliyani, Balvan, Bandubal, Bangargi, Bangarni, Banor, Banthli, Barai, Barochi, Basali, Bask, Basti, Bavari, Bhadruvali, Bhagwati, Bhamti, Bhigoli, Bhivadi, Bhohoe, Bithalanean, Biyogi, Bojwari, Bolti Zaban, Bomba, Bunhar, Canthars, Chabeli, Chachi, Chetori, Chhushmeni, Chotanagpuri, Chovoel, Chow, Ciol, Commanga, Dalue, Damal, Darchini, Dati, Dehati, Deke, Derasmati, Dhallu, Dichi, Dulai, Dunavi Pahari, Dwed Boli, Elonguria, Fatma, Fernada, Fugian, Fulnagri, Gadal, Gagar, Gangasi, Gaunti, Gavari, Ghamoli, Ghanjhari, Ghircharg, Gorhathi, Godhami, Gohari, Gosai, Gusara, Guthara, Hali, Halvado, Hamar, Hanemadi, Hardasi, Hasang, Heirlese, Helgo, Hengna, Hijomdel, Hungyo, Jamthali, Jarasi, Jawali Pahari, Jhalo Malo, Jhora, Jogsani, Jokhri, Jord, Junkuku, Kaisid, Kalazan, Kalwi, Kamadun, Kamat, Kandri, Kanki, Kansale, Kapati, Karai, Karwali, Katwi, Kaw, Kawami, Khampa, Khanali, Kharkhadi, Khattai, Kigoi, Kmer, Kosan, Kristi, Ksarwar, Kudu, Kumadri, Kunali, Kundh, Kunija, Kunsar, Kutal, Lagodu, Lalgi, Langu, Libo, Laosi, Laosia, Logli, Loher, Lunkhul, Madgi, Mahaswali, Mai, Makhiya, Malantha, Malnuti, Malsan Pahari, Maltis, Mandakini, Mani, Mar, Marahi, Mashan, Masti, Matrai, Mehari, Melashi, Metali, Miji, Mikum, Mita, Molu, Momidomi, Mompa, Morma, Moung, Mumhara, Muslim Pahari, Muttari, Myalor, Nagi, Nakkala, Narmadiya, Nasang Ki Boli, Nasuka, Nayakula, Neglo, Neof, Ngaite, Nudiya, Padhakhy, Pahari Tikkari, Parachinari, Pargar, Parui, Pasoba, Patsani Pahari, Pawite, Phaktun, Pokrine, Qustash, Rakchhai, Ramdasi, Ranat, Rebucheba, Rovabi, Rumai, Sanap, Sanku, Sapru, Sarnarthi, Sasi, Saswari, Savaji, Sayeng, Seema, Sellum, Sengou, Servari, Seypho, Shaja, Sigitvia, Sinos, Somasahag, Sonni, Sujathigar, Sulung, Sungi, Sunkarad, Surali, Swani, Taban, Taharine, Talami, Tandil, Tanjarvalngo, Tankera, Tarane, Taroa,

Tashwar, Tayeng, Temelly, Tepali, Thakai, Thari, Thatma, Thatwari, Topi, Trimali, Trivedi, Tungo, Ujra, Umarpala, Urani, Uravan, Usthu, Vadakkali, Vaipaki, Vaival, Varanchiti, Vatu, Wakarali, Walli, Walmiki, Wandgiri, Yahudi, Yaskhila, et Zunwar.

2. Diversité linguistique de l'Inde et la Constitution indienne :

Lorsque l'Assemblée Constituante a adopté la Constitution indienne le 26 novembre 1949, on comptait 14 langues dans la liste de l'annexe VIII de la Constitution indienne. Celles-ci étaient (par ordre du nombre de locuteurs) : l'Hindi, le Telugu, le Bengali, le Marathi, le Tamil, l'Urdu, le Gujarati, le Kannada, le Malayalam, l'Oriya, le Punjabi, le Kashmiri, l'Assamese et le Sanskrit. Au cours des cinquante-cinq dernières années, il y a eu trois amendements à l'annexe VIII, qui résultèrent en ce qui suit. Le Sindhi a été ajouté par l'amendement constitutionnel N°21 en 1967, le Konkani, le Manipuri et le Nepali (ou Gorkhali) ont également été ajoutés par l'amendement N°71 en 1992, et le Maithili, le Santali, le Bodo, et le Dogri par l'amendement N°100 en 2003. Ainsi, on compte actuellement 22 langues dans l'annexe VIII de la Constitution indienne.

Bibliographie sélective

ESTRADA Gabriel. 'Nauhalti: A Study', dans *Indigeneity: Representation and Interpretation*, eds G. N. Devy, Geoffrey V. Davis, et K. K. Chakravarty, Orient Black Swan, 2008.

PHIPPS, Peter. 'Indigenous Cultural Festivals as a Globalizing Method for Decolonization: Garma and Beyond', dans *Indigeneity: Representation and Interpretation*, eds G. N. Devy, Geoffrey V. Davis, et K. K. Chakravarty, Orient Black Swan, 2008.

SINGH, Uday Narayan. 'Minor and Minority Languages in India', dans *Report by G. N. Devy Sub-Group, Protecting Non-Scheduled Languages, 11th Five Year Plan Proposal, Ministry of Human Resource Development.*

CONCLUSION

TERRE, HUMANISME, TOTALITE

Michel NAUMANN (Université de Cergy-Pontoise)
Belkacem BELMEKKI (Université d'Oran – Algérie)

> Les conquérants européens furent les seuls qui ne cherchaient pas seulement à subjuguer et exploiter mais aussi à s'emparer des moyens de production en dérobant la terre sous les pieds des peuples. Le capitalisme enlève ainsi ses fondations à l'ordre social primordial. Ce qui en découle est pire que l'oppression et l'exploitation, c'est une déstructuration complète et un phénomène spécifiquement européen, l'incertitude de l'existence sociale. (Rosa Luxemburg 110)

Avant d'être appropriable, la terre, notre mère, la source d'une identité de groupe très différente de l'individualisme, fut partagée sans possessivité incestueuse. Un verset biblique rappelle que l'année sabbatique est celle de la remise à son premier usager de la terre achetée. (Deutéronome : 15-9) Dieu joue ici, par rapport à la terre-mère, le rôle du père qui sépare l'enfant du corps de la mère et ouvre une vie libre à l'enfant, qui n'est plus soumis à la déesse capricieuse qui régente la vie du tout petit, et à la mère, libérée aussi du rôle de protectrice, de servante et de tyran dans lequel elle risque d'être enfermée. Cette séparation libératrice fut déjà affirmée par Abraham lorsqu'il refusa de sacrifier son premier né à la grande déesse-mère.

Mais dans les sociétés de classes et surtout à l'occasion de l'instauration de l'ordre capitaliste dans le monde, elle devint progressivement propriété privée et marchandise. Une fois remise en cause la séparation qui tenait à distance l'inceste nos sociétés s'exposent à la perversion. La substance de la totalité n'est désormais plus ce triangle Dieu-père, terre-mère et fils, mais une invention des sociétés modernes, l'individu, essentialisé, arraché à l'environnement matriciel (la terre, l'univers) et aux lois ontologiques qui ouvrent la vie sur la liberté en écartant la possessivité et le fantasme de toute-puissance de l'individu. Ceux qui ont critiqué de façon violente la déclaration des droits de la terre d'Evo Morales en Bolivie ne saisissent pas où se loge la perversion dans nos sociétés.

Les peuples luttent au 21ème siècle pour la liberté des hommes et de la terre et ce combat est essentiel pour la civilisation parce qu'il affronte une dangereuse régression. Les éléments, terre, eau, air, sont mis à l'encan. L'eau est privatisée. A Mexico, à une époque où la pollution atteignait des sommets, de l'air frais était fourni par des machines qu'une pièce de monnaie mettait en marche ! La terre africaine est vendue aux étrangers et recolonisée, ses fruits sont livrés à la spéculation, son sous-sol est donné aux multinationales qui tuent (n'ont-elles pas, lorsque Kabila voulut renégocier avec les grandes compagnies minières, relancé la guerre au Congo et provoqué une guerre continentale ?) et polluent (l'exploitation du pétrole dans le delta du Niger y a tué la pêche et l'agriculture, l'extraction de l'or au Mali ou de l'uranium au Niger mettent en danger la santé des populations), les villes dévorent la terre en Asie, les grands barrages (voir à cet égard l'ouvrage d'Arundathi Roy) l'arrachent aux paysans pauvres (déjà dépossédés de leurs semences, des espèces qu'ils cultivaient et de leurs techniques), les peuples premiers luttent pour leurs droits sur les territoires qui leur furent pourtant, il y a peu, concédés. Les paysans sont délogés par l'armée au profit des étrangers qui achètent des terres africaines à l'Etat et les éleveurs apprennent un jour que la berge où venaient boire leurs troupeaux appartient à un acquéreur étranger alors que les fermiers auprès desquels ils vivaient ne leur avaient jamais de mémoire d'homme contesté cet accès à l'eau. Avec la terre, comme l'expliquait Rosa Luxemburg, s'en va, pour un peuple dépossédé, toute une culture, un mode de vie, souvent très équilibré du point de vue écologique, des valeurs humaines et même une langue.

Nazim Hikmet, dans ses poèmes au Cheikh Beddredine, chef d'une révolte paysanne turque, a su dire la terre avec des mots que nulle culture autre ne renierait :

Là-bas,

La plus tendre et la plus rude
La plus avare et la plus généreuse
La plus amoureuse
La plus grande et la plus belle des femmes :
LA TERRE...
Les hommes avaient ouvert cette terre
Sans murs et sans limites comme une table de frères.
(Hikmet 46-8)

La terre dont nous avons appris qu'elle était vivante, qu'elle respirait, aurait-elle aussi un langage que nous serions menacés de perdre si nous la laissions devenir une marchandise ?

Même amour chez Rousseau qui refuse d'accuser d'ingratitude la terre qui terrifie Voltaire parce que ses caprices auraient détruit Lisbonne. A l'argument voltairien du fatalisme et des forces naturelles aveugles, il répond que c'est la société actuelle, urbaine et marchande, qui a tué tant de malheureux :

> ...convenez, par exemple, que la nature n'avait point rassemblé là vingt mille maisons de six à sept étages, et que si les habitants de cette grande ville eussent été dispersés plus également et plus légèrement logés, le dégât eût été beaucoup moindre et peut-être nul. (Rousseau 41)

Pour Rousseau : « ... les maux auxquels nous assujettit la nature sont moins cruels que ceux que nous y ajoutons. » (Rousseau 43) Il rappelle en outre que l'individu ne peut s'affranchir des lois ontologiques :

> Serait-ce donc à dire que l'ordre du monde doit changer selon nos caprices, que la nature doit être soumise à nos lois, et que pour lui interdire un tremblement de terre en quelque lieu, nous n'avons qu'à lui bâtir une ville ? (Rousseau 42)

Il s'agit donc de vivre moins en sédentaire possessif et plus en nomade de passage en un monde qu'il est bon de ne pas posséder. Venus de la terre nous y retournons, certes pas nécessairement en tant qu'individu, mais au moins en tant que formes de vie multiples. Comprendre cela c'est effectuer une démarche de filiation au monde, à la vie, à la terre sans laquelle nous ne serons jamais libres, nous n'aimerons jamais la vie, nous ne construirons jamais une société fondée sur la confiance. Le terme russe qui désigne la communauté villageoise fondée sur une terre partagée, le *mir*, signifie aussi solidarité et collégialité. La filiation ouvre sur des valeurs et des combats dont notre temps ne peut faire l'économie.

Bibliographie sélective

Anon. : « Main basse sur les terres d'Afrique », *Afrique Asie*, mars 2011.

HIKMET, Nazim *Anthologie poétique*, Temps actuels, Paris, 1982.

LUXEMBOURG, Rosa *The RL Reader*, Cornerstone, Kharagpur, 2005.

NGUGI WA THIONG'O *Devil on the Cross*, Heinemann, Londres, 1977.

Voltaire / Rousseau *Querelle sur le mal et la providence*, 1001 nuits, Paris, 2010.

Environnement, Écologie et Développement aux éditions L'Harmattan

ÉCOLOGIE ET ÉVOLUTION DU MONDE VIVANT (Volume 1)
Le vie est une transmission d'information
Godron Michel
Comment résoudre les problèmes écologiques mondiaux qui se posent aujourd'hui ? Quels changements de nos mentalités et quelles innovations techniques seront nécessaires ? Ce volume répond à la question «Qu'est-ce que la vie ?» Depuis qu'elle est apparue sur terre, l'évolution des êtres vivants a suivi un «modèle» écologique et cybernétique très général, qui a conduit à la biodiversité actuelle, qui dépend elle-même des climats et des sols.
(Coll. Biologie, écologie, agronomie, 54.50 euros, 612 p.)
ISBN : 978-2-296-55870-0

ÉCOLOGIE ET ÉVOLUTION DU MONDE VIVANT (Volume 2)
L'échelle crée le phénomène
Godron Michel
Comment résoudre les problèmes écologiques mondiaux qui se posent aujourd'hui ? Quels changements de nos mentalités et quelles innovations techniques seront nécessaires ? Ce volume présente l'étude statistique de la répartition écologique des plantes et des animaux à l'échelle biogéographique des continents et des étages de végétation ainsi qu'à l'échelle des communautés végétales et animales et des paysages.
(Coll. Biologie, écologie, agronomie, 38.00 euros, 388 p.)
ISBN : 978-2-296-55871-7

ÉCOLOGIE ET ÉVOLUTION DU MONDE VIVANT (Volume 3)
Les problèmes écologiques actuels
Godron Michel
Comment résoudre les problèmes écologiques mondiaux ? Quels changements de nos mentalités et quelles innovations techniques seront nécessaires ? Ce volume retrace l'arrivée discrète de l'Homme dans la biosphère, amorcée depuis deux millions d'années, et son emprise écologique du Paléolithique à nos jours. Il se termine par l'analyse des problèmes écologiques actuels, qui sont surtout le fruit délétère de notre société de surconsommation.
(Coll. Biologie, écologie, agronomie, 61.00 euros, 750 p.)
ISBN : 978-2-296-55872-4

ÉCONOMIE DE L'ENVIRONNEMENT
Outils de gestion économique de la biodiversité
Ngo Nonga Fidoline
Préface de Jacques Fame Ndongo - Avant-propos de Claude Njomgang
L'érosion de la biodiversité est effrayante. La dégradation des forêts tropicales s'accélère jour après jour, entraînant la disparition de nombreux actifs naturels.

D'autres écosystèmes, fortement riches en biodiversité, subissent le même sort, ce qui met en péril les bases de la vie sur terre. Cette forte dégradation de la biodiversité appelle tous les humains à adopter des comportements conservateurs. Ce livre décrypte les principales problématiques de l'économie de l'environnement.
(Coll. Harmattan Cameroun, 31.00 euros, 306 p.) ISBN : 978-2-296-99058-6

POUR UNE SOCIO-ANTHROPOLOGIE DE L'ENVIRONNEMENT
Par-delà le local et le global (Tome 1)
Sous la direction de Sophie Poirot-Delpech et Laurence Raineau
Il s'agit de questionner une formule souvent associée aux questions écologiques : «penser global, agir local». Les contributions de ce volume abordent les problèmes soulevés par les conflits d'échelle de perception et de définition des questions environnementales. Elles donnent à voir des objets aussi variés que l'énergie, les déchets, les légumes «bio», la ville, l'eau ou les invasions biologiques.
(24.00 euros, 240 p.) ISBN : 978-2-296-96758-8

REGARDS SUR LA CRISE ÉCOLOGIQUE
Pour une socio-anthropologie de l'environnement (Tome 2)
Sous la direction de Sophie Poirot-Delpech et Laurence Raineau
Ce deuxième volume, en partant de l'étude de réponses locales et chaque fois singulières apportées aux problèmes environnementaux, propose une pluralité d'approches pour comprendre comment se nouent dans chaque cas des questions sociales, économiques, psychologiques ou technoscientifiques distribuées sur différentes échelles d'appréhension.
(Coll. Logiques sociales, série Socio-Anthropo-Logiques, 23.00 euros, 228 p.) ISBN : 978-2-296-96759-5

DÉVELOPPEMENT DURABLE ET SCIENCES SOCIALES
Traductions d'un concept polysémique de l'international au local
Coordonné par Marjorie Filliastre, Marion Mauger-Parat et Hélène-Yvonne Maynaud
L'étude pluridisciplinaire de la question du développement durable suscite de nouveaux questionnements à l'aune de la situation internationale et nationale. Les chercheur-e-s en sciences humaines et sociales en examinent les ressorts et étudient la manière dont les individus, seuls ou collectivement, membres d'organisations publiques ou privées, professionnels ou particuliers, se représentent ce phénomène ou encore oeuvrent pour sa mise en place.
(Coll. Dossiers Sciences Humaines et Sociales, 22.50 euros, 226 p.)
ISBN : 978-2-296-96536-2

BOÎTE (LA) À IDÉES
Maous Thierry, Prost Richard
La «boîte à idées» : une *success-story* humaine qui ancre l'économie solidaire au rang de réalité. Agir. Tel est le mot d'ordre que s'est donné ce groupe de femmes et d'hommes, avec à leur tête François Marty, en mettant en place la SCOP Scierie et Palettes du littoral, implantée dans le Pas-de-Calais. Moteur de réinsertion sociale, cette entreprise, leader sur son marché, aide les

exclus à retrouver leur dignité et le chemin de l'emploi dans une démarche de développement durable...
(20.00 euros) *ISBN : 978-2-296-13518-5*

MANUEL (LE) DU DÉVELOPPEMENT
25 ans d'expérience dans la coopération internationale
Madaule Stéphane
Comment s'insère le développement durable dans le périmètre de l'aide ? Quels sont les principaux acteurs du développement ? Quelles formes de coopération mettre en place avec les pays émergents au moment où le monde bascule vers le Sud ? Cet ouvrage est une synthèse technique et opérationnelle de près de 25 années d'expérience professionnelle dans le domaine de l'aide publique au développement. Il aborde toutes les grandes questions qui agitent la coopération internationale.
(45.00 euros, 592 p.) *ISBN : 978-2-296-97005-2*

COOPÉRATION INTERNATIONALE ET DÉVELOPPEMENT
Koch Dirk-Jan
En parcourant systématiquement les tentatives de coopération internationale et régionale concernant l'aide, le commerce, l'environnement, la migration, la sécurité et les dettes, l'auteur démontre que, dans la conjoncture actuelle, le manque de coopération est le frein le plus important face à l'essor des pays en voie de développement.
(15.00 euros, 146 p.) *ISBN : 978-2-296-96975-9*

L'HARMATTAN, ITALIA
Via Degli Artisti 15; 10124 Torino

L'HARMATTAN HONGRIE
Könyvesbolt ; Kossuth L. u. 14-16
1053 Budapest

ESPACE L'HARMATTAN KINSHASA
Faculté des Sciences sociales,
politiques et administratives
BP243, KIN XI
Université de Kinshasa

L'HARMATTAN CONGO
67, av. E. P. Lumumba
Bât. – Congo Pharmacie (Bib. Nat.)
BP2874 Brazzaville
harmattan.congo@yahoo.fr

L'HARMATTAN GUINÉE
Almamya Rue KA 028, en face du restaurant Le Cèdre
OKB agency BP 3470 Conakry
(00224) 60 20 85 08
harmattanguinee@yahoo.fr

L'HARMATTAN CAMEROUN
BP 11486
Face à la SNI, immeuble Don Bosco
Yaoundé
(00237) 99 76 61 66
harmattancam@yahoo.fr

L'HARMATTAN CÔTE D'IVOIRE
Résidence Karl / cité des arts
Abidjan-Cocody 03 BP 1588 Abidjan 03
(00225) 05 77 87 31
etien_nda@yahoo.fr

L'HARMATTAN MAURITANIE
Espace El Kettab du livre francophone
N° 472 avenue du Palais des Congrès
BP 316 Nouakchott
(00222) 63 25 980

L'HARMATTAN SÉNÉGAL
« Villa Rose », rue de Diourbel X G, Point E
BP 45034 Dakar FANN
(00221) 33 825 98 58 / 77 242 25 08
senharmattan@gmail.com

L'HARMATTAN TOGO
1771, Bd du 13 janvier
BP 414 Lomé
Tél : 00 228 2201792
gerry@taama.net

Achevé d'imprimer par Corlet Numérique - 14110 Condé-sur-Noireau
N° d'Imprimeur : 92338 - Dépôt légal : novembre 2012 - *Imprimé en France*

www.ingramcontent.com/pod-product-compliance
Lightning Source LLC
LaVergne TN
LVHW011022061026
849535LV00006B/2020